주식선물·국내선물·옵션에도 적용되는
FX·해외선물 남한산성의 파워 노트

FX·해외선물 남한산성의 파워 노트

제1판 1쇄 2013년 10월 8일
6쇄 2024년 5월 22일

지은이 천대성(필명 남한산성)
펴낸이 허연 **펴낸곳** 매경출판㈜
기획제작 ㈜두드림미디어
디자인 디자인 뜰채 apexmino@hanmail.net
마케팅 김성현, 한동우, 구민지

매경출판㈜
등 록 2003년 4월 24일(No. 2-3759)
주 소 (04557) 서울시 중구 충무로 2(필동 1가) 매일경제 별관 2층 매경출판㈜
홈페이지 www.mkbook.co.kr
전 화 02)333-3577
이메일 dodreamedia@naver.com(원고 투고 및 출판 관련 문의)
인쇄·제본 ㈜M-print 031)8071-0961
ISBN 979-11-5542-039-3 (03320)

책 내용에 관한 궁금증은 표지 앞날개에 있는 저자의 이메일이나
저자의 각종 SNS 연락처로 문의해주시길 바랍니다.

책값은 뒤표지에 있습니다.
파본은 구입하신 서점에서 교환해드립니다.

주식선물·국내선물·옵션에도 적용되는

FX·해외선물
남한산성의
파워
노트

천대성(필명 남한산성) 지음

매일경제신문사

프롤로그

　나는 2002년 초까지 외국계 은행에서 트레이더로 근무를 했었다. 젊은 나이였음에도 회사에서 인정을 받아 남들이 부러워 할 만큼의 높은 연봉을 받고 있었고, 스스로도 패기와 자신감으로 가득했었던 시절이었다. 그러던 중 평소 알고 지내던 지인으로부터 전업 트레이더를 해보지 않겠느냐는 권유를 받게 되었다. 사표를 내는 데 고민의 시간이 많이 필요하지는 않았다. 내 능력을 믿고 있었고 은행 돈을 불려 주는 것보다 내 돈으로 거래를 하는 것이 더 큰 돈을 벌 거라는 야심과 자만에 도취되어 있었다.
　내가 전업 트레이더가 되겠다고 했을 때 주위에 많은 선배 트레이더들이 우려와 걱정을 했었다. 그러나 나는 이를 무시하였다. 오히려 그들이 나의 수준을 폄하한다는 건방진 생각을 하기도 했었다. 옥황상제의 노여움으로 '오행산'의 돌무덤에 갇히기 전의 천방지축 같은 손오공처럼 안하무인이었다. 당시 나의 수준은 아무리 스스로 잘났다지만 결국은 어린애 수준 밖에 안 되었는데 고수들의 경고가 내 가슴에 와 닿을리 만무하였다.
　대단하던 호기는 그리 오래가지 못하였다. 계속하여 쓴 고배를 마셔야만 했다. 누적된 손실은 그동안 이루어 놓은 모든 개인재산을 탕진하게 되었다. 주위의 친인척들에게까지 자금을 빌려 거래를 이어갔지만 결국 나는 인생의 큰 결정을 해야 하는 지경에까지 이르게 되었다. FX의 길을 계속 가야 하는지 아니면 새로운 길로 가야하는지를 고민해야만 했다.

　점차 나의 능력에 대한 믿음과 희망이 흐려지고 있었다. 내 얼굴은 패배자의 그것처럼 초췌해지고 체력은 고갈되고 있었다. 그렇다고 패배를 인정하고 뒤로 물러설 수만은 없었다. '신은 훌륭한 사공을 만들기 위해 거친 파도를 만든다'는 누군가의 말을 떠올리며 할 수 있는 모든 역량을 모아 마지막으로 FX에 다시 도전하기로 결심하고 시골의 암자로 들어가게 되었다.

　진달래가 만발하던 봄의 어느 즈음이었다. 진달래 향을 뒤로 하고 암자로 향하는 나의 마음은 삶과 죽음을 선택해야 하는 비장한 각오뿐이었다. 컴퓨터를 포기하고 HTS상의 차트를 출력하여 오로지 A4용지만을 갖고 공부를 시작했다. 인쇄된 종이의 분량은 어마어마했다. 셀 수 없이 많은 종이를 수 없이 들여다보며 내가 보지 못한 시장의 흐름을 파악해내고자 했다. 그렇게 몇 개월 동안 출력물만을 보면서 공부하고 연구하며 분석하였다. 직접 차트를 그려보려고 모눈종이에 캔들도 수천 번을 그려보았다.

　시간이 흘러 유난히 더웠던 그해 여름, 손바닥만한 선풍기 하나에 의존해가며 나와의 싸움을 하고 있었다. 엉덩이에는 욕창이 생겨났고 과도한 스트레스로 머리두피가 온통 곪아버렸다. 화장지로 머리를 누르면 고름이 흥건하게 묻어나올 정도였다. 고통의 시간이었지만 나의 인생에게 당당해지고 싶었다.

　첫눈이 내릴 쯤에 암자에서 나와 처음으로 컴퓨터에 HTS를 접하는 순간 원시인이 불을 처음 발견했던 것처럼 예전에는 몰랐던 희열을 느낄 수 있었다. 차트가 보이기 시작했고 시장의 흐름이 눈에 보이기 시작한 것이다. 하지만 시장의 큰 물줄기가 잡힌다고 해서 곧바로 수익으로 이어지지는 않았다. 이후로 1년간을 거래에 임하였지만 벌지도 잃지도 않는 정체현상이 계속 이어졌던 것이다.

하지만 불안하거나 조급함이 생기지는 않았다. 지금의 내가 부처님 가운데 토막처럼 거래 중 멘탈을 유지 할 수 있는 것도 아마 그때의 나와의 투쟁이 많은 도움이 된 듯하다. 이러한 정체의 1년을 지나고 나서야 비로소 꾸준하고 완벽한 수익이 발생하게 되었다. 이후 탕진한 재산을 모두 되찾고 그 동안의 채무도 모두 변제했다.

어느 날 모 투자증권에서 리딩방송 제안을 받게 되었다. 나중에 알게 된 사실이지만 내가 거래하던 모 투자증권의 직원들이 내 포지션을 보고 퇴근도 안하고 객장에서 따라서 거래를 했었다고 한다. 그것을 계기로 그 증권사에서 나에게 리딩방송 제안을 하게 되었다는 것이다. 삼고초려 끝에 나는 대중들 앞에 처음 서게 되었다.

나의 필명인 '남한산성' 또한 당시에 만들어진 것이다. 이왕 대중 앞에서 외환거래에 대한 나의 매매를 전수한다면 오랑캐로부터 외침을 지켜낼 수 있는 성문인 '남한산성'이 되라는 선배의 조언에 따라서였다.

현재도 나는 천직인 외환거래를 꾸준히 하고 있으며 증권사나 선물사에서 세미나도 하고 카페운영과 인터넷 방송국에서 리딩방송을 한다. 진작부터 외환거래에 대한 책을 집필하고 싶었지만 본인의 매매나 방송 때문에 그저 생각뿐이었는데 매경출판의 임프린트사인 두드림미디어의 한성주 대표님을 만나게 되어 내 인생의 첫 작품을 출간하게 되었다.

   출판제의를 받고 그 어떤 일보다도 가장 우선을 두고 전념하기로 마음먹고 집필을 하게 되었다. 처음 책을 집필하려고 펜을 들었을 때는 저수지의 둑이 무너지듯 쓰고 싶은 것이 너무도 많았다.
   그런데 중반 정도 집필이 되었을 때 책으로 쓴다는 것이 그저 남에게 보여지기 위한 것보다 지금까지 내가 거래해 왔던 것들을 머리속에서 끄집어내어 정리하는 작업으로 바뀌고 있다는 것을 알게 되었다. 그래서 과감히 이미 작업한 내용을 거의 지워버리고 내가 실제 차트를 보면서 생각하는 것들을 책에 표현하기로 하였다. 책을 집필하는 기간 동안 힘들었지만 지금까지의 나의 매매에 대한 큰 정리를 한 것 같아 뜻 깊고 의미 있는 시간이었다.

   끝으로 이 책이 나오도록 도움을 주신 많은 분들에게 감사의 말씀을 드리며 앞으로 장래희망이 외환딜러인 딸 다연이가 나중에 훌륭한 외환딜러가 되었을 때 이 책이 부끄럽지 않는 책이었으면 좋겠다는 바람을 가져 본다.

천대성 (필명 남한산성)

차례

프롤로그 … 4

PART 01 우선 국제외환시장을 정확히 파악하자
01 국제외환시장의 규모는 도대체 어느 정도인가 … 14
02 국제외환시장의 거래시간대도 나름 의미가 있다 … 16
03 국제외환시장의 주요 참여자는 누구인가 … 19
04 주요통화별 고유의 성격을 파악하라 … 22
    1) 달러(US dollar)-USD … 23
    2) 유로(EURO)-EUR … 24
    3) 엔(Japanese yen)-JPY … 24
    4) 파운드(Pound sterling)-GBP … 24
    5) 호주달러(Australian dollar)-AUD … 25
    6) 스위스프랑(Swiss franc)-CHF … 25
    7) 캐나다달러(Canadian Dollar)-CAD … 27

PART 02 각국 경제지표를 이해하고 대응전략을 세워라
01 경제지표 발표후 어떻게 대응해야 할까? … 30
02 미국의 경제지표 발표와 시장반응 … 32
    1) 기준금리(Federal Funds Rate) … 32
    2) FOMC 회의록(FOMC Meeting Minutes) … 33
    3) 연방준비은행 성명서(FOMC Statement) … 34
    4) 건축허가건수 … 35
    5) 신규주택판매 … 36
    6) 기존주택판매 … 37
    7) 내구재주문 … 37
    8) 근원내구재주문 … 38
    9) 신규실업수당청구건수 … 39

10) ADP 비농업취업자수 변화량(ADP Non-Farm Employment Change) ··· 39
11) ISM제조업가격 ··· 40
12) ISM비제조업지수 ··· 40
13) 비농업부문 고용자수 변화량(Non-Farm Employment Change) ··· 41
14) 실업률 ··· 48
15) 생산자물가지수(PPI) ··· 49
16) 소비자물가지수(CPI) ··· 49
17) 근원소비자물가지수(근원CPI) ··· 49
18) 소매판매(Retail Sales) ··· 50
19) 국내총생산(GDP; Gross Domestic Product) ··· 51
20) 미시건대 소비자경기 체감지수 예상치 ··· 52
21) 컨퍼런스보드 소비자신뢰지수(CB Consumer Confidence) ··· 52
22) 베이지북(Beige Book) ··· 53

03 영국 경제지표 발표와 시장반응 ··· 55

1) 기준금리(Official Bank Rate) ··· 55
2) 통화정책회의 금리연설(MPC Rate Statement) ··· 56
3) MPC(통화정책위원회) 회의록(Meeting Minutes) ··· 57
4) 실업수당청구 변동(Claimant Count Change) ··· 58
5) 소매판매 ··· 59
6) 국내총생산(GDP; Gross Domestic Product) ··· 60
7) 제조업PMI ··· 61
8) 건설업PMI ··· 62
9) 서비스PMI ··· 63
10) PPI투입 생산자물가지수 ··· 64
11) 영국은행 인플레보고서(BOE Inflation Report) ··· 64
12) 소비자물가지수(CPI) ··· 64
13) 공공부문 순채무액(Public Sector Net Borrowing) ··· 65

04 유로존의 경제지표 발표와 시장반응 ··· 66

1) 기준금리(Minimum Bid Rate) ··· 66
2) 유럽중앙은행 금리발표 기자회견(ECB Press Conference) ··· 67
3) 독일 ZEW 경기기대지수(German ZEW Economic Sentiment) ··· 67
4) 독일 IFO 기업동향(German IFO Business Climate) ··· 68
5) 독일 최종소비자물가지수 변동률(German Final CPI m/m) ··· 69

05 호주의 경제지표 발표와 시장반응 ··· 70

1) 기준금리(Cash Rate) ··· 70
2) 호주중앙은행 금리연설(RBA Rate Statement) ··· 71
3) 통화정책 회의록(Monetary Policy Meeting Minutes) ··· 71
4) 호주준비은행(RBA) 금융정책 보고서(RBA Monetary Policy Statement) ··· 72
5) 국내총생산(GDP; Gross Domestic Product) ··· 73
6) 전월대비 고용변화량(Employment Change) ··· 74
7) 소매판매(Retail Sales) ··· 75

06 일본의 경제지표 발표와 시장반응 … 76
　1) 통화정책연설(Monetary Policy Statement) … 76
　2) 일본 중앙은행 기자회견(BOJ Press Conference) … 77
　3) 기준금리(Overnight Call Rate) … 77
　4) 경상수지(Current Account) … 77
　5) 단칸 제조업지수(Tankan Manufacturing Index) … 78
　6) 단칸 비제조업지수(Tankan Non-Manufacturing Index) … 79

PART 03 캔들의 중요성을 대부분 간과한다
01 시장의 추세는 캔들로부터 출발하는 것이다 … 82
02 휩소에 당하지 않으려면 캔들의 완성을 주목하라 … 85
03 캔들이 형성하는 패턴을 달달 외워라 … 91
　1) 하락반전형 패턴 … 92
　2) 상승반전형 패턴 … 97

PART 04 추세의 종류에 따라 매매방법은 달라져야 한다
01 나만의 추세 파악법을 정립하자 … 104
02 상승 추세를 활용한 매매방법을 살펴보자 … 107
03 하락추세에서도 같은 논리를 적용시킨다 … 112
04 비추세(횡보)장에서는 특히 주의 깊게 대응하라 … 116

PART 05 NS ZONE의 원리와 매매
01 비법을 찾지 말고 기본에 충실하라 … 120
02 1시간의 공백으로 NS홀이 생성된다 … 122
03 NS ZONE의 한 축은 시가(始價)이다 … 126
04 NS ZONE의 또 다른 축은 중심선이다 … 128
05 NS ZONE은 구름대보다 훌륭한 보조지표이다 … 130

PART 06 피보나치의 로그변환을 매매에 활용하자
01 일상생활에 많이 활용되는 피보나치 수열은 황금비율이다 … 138
02 어떤 척도에 따라 정량적으로 나타내기 위해서는 로그가 필요하다 … 141
03 로그변환선을 활용하여 최적의 툴을 구비하라 … 146
04 선행조건은 파동의 분석이다 … 148
05 로그선을 실전 매매에 적용시켜 보자 … 154

PART 07　일목균형표는 철학이 깊은 보조지표이다
01 일목균형표의 기준선은 시장 자체의 기준선이 된다 … 162
02 시간론을 근거로 전략 수립이 가능하다 … 168

PART 08　각종 보조지표를 적절히 활용하라
01 우선 각 보조지표의 원리를 이해해야 한다 … 176
02 보조지표를 어떻게 활용할 것인가 … 178
　1) 이동평균선은 일봉차트에서만 참고하라 … 179
　2) 일목균형표의 지지와 저항대를 참고하라 … 180
　3) RSI는 추세의 강도를 나타내는 보조지표이다 … 181
　4) 스토캐스틱(Stochastics)은 횡보장에서 유용하다 … 186
　5) MACD의 다이버젼스 현상을 주목하라 … 189
　6) CCI는 강한 추세장에서만 활용하라 … 192
　7) 볼린져밴드는 확장 및 축소국면을 판단하는데 활용하자 … 194
　8) Envelope는 가격이 급등락할 때 신뢰도가 높다 … 195

PART 09　시장상황에 따른 실전매매 방법을 살펴보자
[유로화: 2012년 6월 1일~6월 18일] … 200
[유로화: 2012년 6월 18일] … 201
[유로화: 2012년 6월 19일] … 202
[유로화: 2012년 6월 20일] … 204
[유로화: 2012년 6월 21일] … 205
[유로화: 2012년 6월 29일~7월 30일] … 207
[유로화: 2012년 7월 30일] … 208
[유로화: 2012년 7월 31일] … 209
[유로화: 2012년 8월 1일] … 210
[유로화: 2012년 9월 17일~10월 8일] … 211
[유로화: 2012년 10월 8일] … 212
[유로화: 2012년 10월 9일] … 213
[유로화: 2012년 10월 10일] … 215
[유로화: 2012년 10월 11일] … 216
[유로화: 2012년 10월 12일] … 218
[유로화: 2013년 3월 1일~3월 12일] … 219
[유로화: 2013년 3월 12일] … 220
[유로화: 2013년 3월 13일] … 221
[유로화: 2013년 3월 14일] … 222
[유로화: 2013년 3월 15일] … 223
[호주달러화: 2012년 9월 15일~10월 19일] … 224

[호주달러화: 2012년 10월 19일] … 225
[호주달러화: 2012년 10월 22일] … 226
[호주달러화: 2012년 10월 23일] … 227
[호주달러화: 2012년 10월 24일] … 229
[호주달러화: 2012년 10월 25일] … 230
[호주달러화: 2012년 10월 26일] … 231
[파운드화: 2012년 4월 2일~4월 9일] … 232
[파운드화: 2012년 4월 9일] … 233
[파운드화: 2012년 4월 10일] … 234
[파운드화: 2012년 4월 11일] … 235
[파운드화: 2012년 4월 12일] … 236
[파운드화: 2012년 4월 13일] … 237

리스크관리와 자금관리가 생명이다

01 리스크관리 측면에서 데이트레이딩이 유리하다 … 240
02 관리가 안 되는 나쁜 습관을 빨리 떨쳐라 … 244
1) 물타기 하고 싶을 때는 이미 손절 시점이다 … 244
2) 시세중독은 기다리는 매매를 불가능하게 한다 … 245
3) 뇌동매매는 자신만의 원칙이 없기 때문이다 … 245
4) 변곡을 잡으려는 마음은 화를 부른다 … 246
5) 누군가에게 의존하지 말고 현실을 회피하지 마라 … 246

03 리스크관리 원칙을 세우고 철저히 지켜라 … 248
1) 진입, 청산, 손절은 간단명료하게 … 248
2) 하루 손실 한도를 정하고 손실 발생 시 거래를 중단하라 … 249
3) 수익 보다 얼마나 원칙을 지켰는가를 중요시 하라 … 250
4) 나만의 거래시간을 정하라 … 250
5) 원칙을 지켰으면 결과에 연연하지 마라 … 251

04 경시하기 쉬운 자금관리가 무엇보다 중요하다 … 253

부록: 유용한 사이트들 … 259

에필로그 … 270

PART 01

우선 국제외환시장을
정확히 파악하자

power note

chapter 01
국제외환시장의 규모는 도대체 어느 정도인가

외환거래를 하고 있는 개인 투자자들 중 국제외환 시장이 어떻게 형성이 되었고 어떻게 시세가 결정되는지 모르는 사람들이 의외로 많다. 그러다보니 이 거대한 외환시장을 즉흥적으로 추측하고 이기려 덤벼드는 사람들이 많다. '달러가 많이 올랐으니 이제는 내려올 때다'라는 식으로 추측하여 매매하는 것은 지극히 위험한 발상이다. 현시세를 인정하지 않으려는 오류로 인해 자신의 소중한 자산을 크게 잃을 수 있기 때문이다. 적어도 내가 뛰어든 외환시장의 규모는 얼마나 큰지, 구조는 어떠한지 정확히 알고 대응해야 이 시장에서 생존 할 수 있다.

국제결제은행(Bank for International Settlements. BIS)은 3년마다 전 세계 외환시장에 대해 조사를 하여 발표한다. 외환시장은 크게 현물환거래(Spot Exchange Transaction), 선물환거래(forward exchange transaction), 외환스왑거래(foreign exchange swap)로 나뉘어진다. 2010년 기준으로 일일 평균 총 외환시장 거래규모는 약 3조 9,810억 달러에 이른다. 연간으로는 약 995조 달러에 이르는 거대한 규모이다.

[자료1-1] 전 세계 외환거래 규모   (단위: 10억 달러)

거래종류	2001년	2004년	2007년	2010년	비중
현물환거래	386	631	1,005	1,490	37%
선물환거래	130	209	362	475	12%
외환스왑거래 등	723	1,094	1,954	2,016	51%
합계	1,239	1,934	3,324	3,981	100%

출처: BIS

너무 큰 규모라 실감하기 힘들 것이다. 2011년 기준으로 전 세계 GDP의 총합계는 70조 100억달러이다. 연간으로 환산한 외환거래규모에 비교해 보면 약 7% 정도 밖에 안 되는 수준이다. 또한 2010년 전 세계 무역규모는 30조 700억 달러이다. 이 또한 연간 외환거래 규모에 비교해 보면 약 3% 정도 밖에 안 되는 것이다.

이제 국제외환시장의 규모가 어느 정도의 큰 규모인지 짐작이 되었을 것이다. 일개 작전세력은 발도 못 붙일 어마어마한 시장이다. 필자가 외환거래만 해온 가장 큰 이유가 여기에 있다. 국내 주식시장이나 파생시장은 외국인과 기관들 그리고 작전세력들의 진흙탕 싸움으로 인해 기술적 분석으로는 접근하기 매우 어려운 시장이며, 이로 인해 많은 회의를 느끼게 만든다.

음모론적인 시각에서의 세력은 감히 개입할 수조차 없는 시장에서 기술적 분석으로 거래를 하려면, 무엇보다도 그 시장에 대한 이해가 필요하다. 아는 만큼 보이고 또 보이는 만큼 수익이 나는 곳이 외환시장이다.

chapter 02
국제외환시장의 거래시간대도
나름 의미가 있다

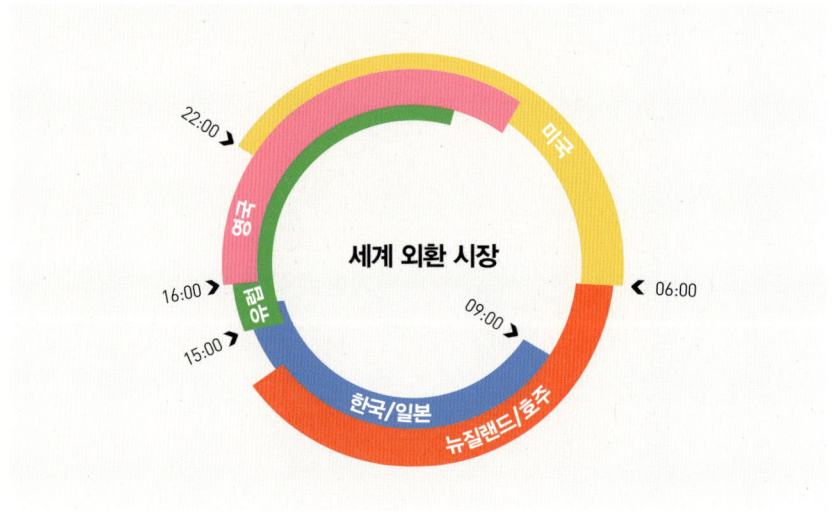

[자료1-2] 주요외환시장의 개장 및 폐장시간(한국 시간 기준)

국제외환시장은 주말을 제외하고 한국 시간 오전 6시를 기준으로 태양이 가장 먼저 뜨는 뉴질랜드시장을 시작으로 호주(시드니), 일본(동경), 싱가폴, 홍콩, 독일, 영국, 미국시장 순으로 이어지는 24시간 거래의 장이다. 국내시장처럼 장 운영 시간이 짧지 않기 때문에 기술적 분석이 잘 맞는 장점이 있다. 국내 주식시장과 파생시장은 장 종료이후 단절되는 시간으로 인해 다음날 개장 시 갭으로 출발하는 경우가 많다는 것은 많은 사람들이 아는 사실이다. 갭출발의 위험성으로 인해 데이트레이딩의 비중이 높지만 장중에 펼쳐지는 현란한 휩소로 인해 제대로 수익을 내는 트레이더를 본 적이 없을 정도로 국내매매는 어려움이 많다. 또한 언제라도 거래를 하고 싶을 때 거래를 할 수 있다는 점 역시 장점이다. 자신의 스타일과 맞는 장 시간대를 선택하여 거래할 수 있다. 이제 각 시장이 차지하는 비중을 살펴보자.

[자료1-3] 세계 주요 외환시장별 비중 (단위: %)

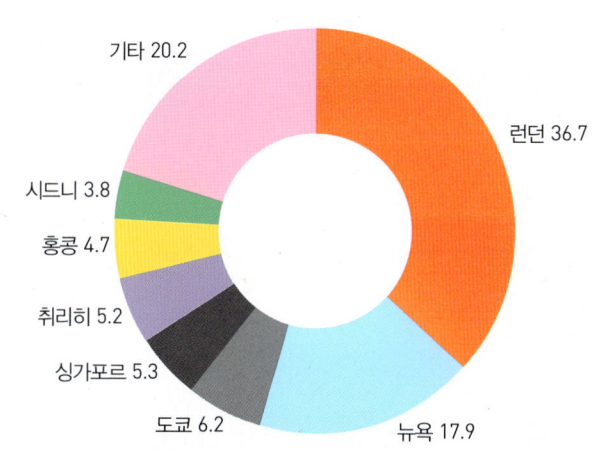

출처: 2010년 BIS

런던과 뉴욕 외환시장이 약 50%를 차지한다. 이 두 시장이 겹치는 시간대인 한국시간으로 PM10시~AM02시가 가장 거래량이 활발한 시간대이다. 경험이 많은 트레이더라면 런던시장부터 뉴욕시간이 겹치는 PM4시~AM02시에 기술적 분석을 통한 매매방식으로 추세에 편승한다면 많은 수익을 낼 수 있다. 이제 막 외환거래에 입문한 초보라면 다소 변동성이 작은 AM9시~PM3시인 동경장에서 거래하는 것도 좋다. 동경장은 리스크를 줄이면서 외환거래에 대한 내공을 쌓는데 많은 도움이 될 수 있다.

memo

chapter 03
국제외환시장의 주요 참여자는 누구인가

'거래 시에 내가 설정한 스탑만 체결하고 당초 진입한 방향대로 날아 간다.' 거나 '수익이 발생하여 청산을 하였더니 훨씬 더 진행하더라. 조금만 더 버텼어야 하는데…' 개인 투자자들이 자주 하는 푸념이다. 지금 글을 읽는 독자 여러분도 한 번쯤은 해본 말일 것이다. 메이저 은행들이 마치 나의 거래창을 보고 있는 것 같은 착각이 들 수도 있다. 하지

[자료1-4] 국제외환시장의 참여자들

만 국제외환시장에서 메이저들이 생각하는 그들의 적수는 우리 같은 개인투자자들이 결코 아니다.

외환시장의 큰 규모 속에서 개인 트레이더들의 비중이 얼마만큼이나 될까? 국제 외환시장의 참여자는 기업, 정부, 연기금, 개인 등으로 구성된 '비금융 참가자'와 기관 투자자, 은행, 중앙은행, 다국적 금융기관 등의 '금융기관 참가자'로 크게 구분한다. 기업들은 외환시장의 급등락에 따른 자사의 위험관리를 위해 주로 외환시장에 참여한다. 각국의 정부들은 자국의 경제상황을 위한 재정정책 등의 이유로 참여하며, 개인은 여행경비 환전이나 송금 등의 목적으로 참여하는 것이 보통이다. 하지만 근래에는 개인들도 환차익을 통한 투기적 목적으로 시장에 참여하는 경우도 많아지고 있다.

기업이나 정부, 개인과 같은 비금융 참가자들은 대부분 대외거래의 필요성에 의해 외환거래를 하며 국제 외환시장에 미치는 영향 또한 크지 않다. 반면 금융기관 참가자들은 영업 등의 이유로 필수적으로 외환시장에 참여한다. 중앙은행은 외환보유고 등의 조정과 통화정책의 일환으로 간헐적으로 시장에 개입한다. 금융기관 참가자들 중에서 은행은 가장 중요한 참가자이며 국제외환시장의 공격적이고 적극적인 참가자이며, 우리가 흔히 말하는 '메이저'라고도 한다.

국제 외환시장은 [자료1-5]의 은행들 간의 전쟁이라고 해도 과언이 아니다. 이에 비해 개인투자자는 국제외환시장에서 플랑크톤 정도의 지극히 미미한 존재이다. 그렇다면 개인투자자들은 시장을 어떻게 바라봐야 하겠는가? 개인 트레이더들은 국제외환시장에서 관객의 입장으로 시장을 봐야 한다.

[자료1-5] 세계 10대 외국환은행(2011년 기준)

순위	은행	시장점유율(%)
1	도이치뱅크 (Deutsche Bank)	15.64
2	버크레이캐피탈 (Barclays Capital)	10.75
3	스위스의 금융기업(UBS AG)	10.59
4	시티그룹 (Citigroup)	8.88
5	제이피 모건 체이스(J.P. Morgan Chase)	6.43
6	홍콩·상하이 은행 그룹(HSBC)	6.26
7	스코틀랜드 왕립은행(Royal Bank of Scotland)	6.20
8	크레딧 스위스(Credit Suisse)	4.80
9	골드만삭스 (Goldman Sachs)	4.13
10	모건 스탠리(Morgan Stanley)	3.64

출처: 월스트리트저널(WSJ)

예를 들어 미국 FOMC에서 회의록을 공개했다고 하자. 문장하나 단어하나마다 유권해석은 각양각색일 것이다. 만약 회의록의 내용을 두고 도이치뱅크(Deutsche Bank)는 달러의 강세로 해석하고, 버크레이캐피탈(Barclays Capital)은 달러 약세로 해석하였다면 외환시장은 짧은 시간 동안 큰 변동성을 수반하며 박스권으로 움직일 것이다. 매매공방이 치열한 막상막하의 줄다리기가 시작된 셈이다. 이후에 시티그룹(Citigroup)과 골드만삭스(Goldman Sachs) 등도 달러 약세로 해석하였다면 외환시장은 이내 달러 약세 쪽으로 추세를 만들어갈 것이다. 이번 전투에서는 도이치뱅크(Deutsche Bank)가 패한 것이다. 이런 메이저 은행들의 대결구도 속에서 우리의 대응방법은 간단하다. 국제 외환시장이란 무대에서 관객으로 관망하고 기다리다가 이기는 쪽으로 편승하면 되는 것이다. 자신의 주관적 추측을 배제하고 넓은 안목으로 시장을 보면서 추세에 추종해야 하는 이유가 여기에 있다.

chapter 04
주요통화별 고유의 성격을 파악하라

외환시장에 갓 입문한 초보자들은 유로화만 집중 거래한다. 처음 배우는 입장에서 외환거래에 숙달 될 때까지는 그리 나쁘지는 않은 방법이지만 이후에도 계속 한 통화만 치중하여 거래를 한다는 것은 좋은 매매방식이 아니다. 개인 트레이더에게 한 통화 당 진입할 수 있는 기회는 하루에 그리 많지 않다. 진입할 자리는 정해져 있기 때문이다. 하지만 한 통화만 거래를 하게 되면 뇌동매매에 의해 잦은 거래를 할 수 밖에 없다. 선택의 폭이 없기 때문에 지루하게 오랜 시간동안 기다려야 하는 것을 실천하지 못할 가능성이 높다.

뇌동매매는 자기 자신이 시세에 대한 확신을 갖지 못하고 시장 전체의 인기나 다른 투자자의 움직임에 편승하여 개념 없이 매매에 나서는 것을 말한다. 잦은 거래는 결국 손실로 이어지는 지름길이다. 낚시꾼이 한 대의 낚시대만 가지고 낚시를 하는 것 보다는 여러대의 낚시대를 이용하여 낚시를 하는 것이 더 많은 물고기를 잡을 수 있는 것과 같은 논리이다. 따라서 각 통화의 특성을 이해하고 이에 대응하여 다양한 통화로 거래에 임하는 것이 현명한 방법이다.

[자료1-6] 국제외환시장에서 주요통화들의 거래비중 (단위: %)

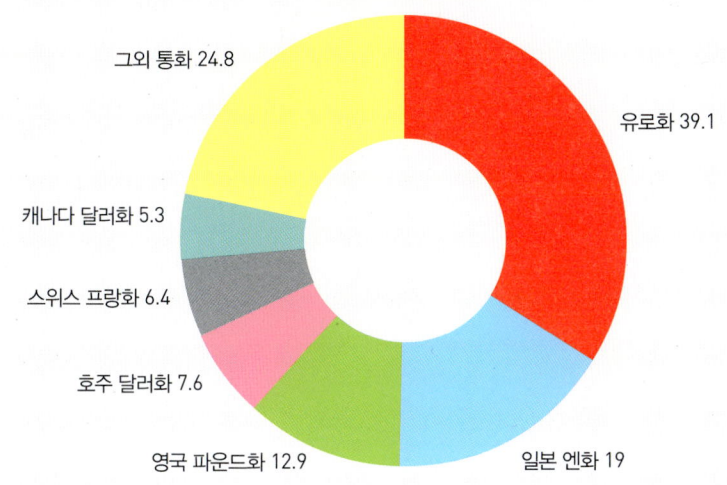

출처: BIS

　미국 달러화와 유로화가 외환시장에서 절반 이상의 비중을 차지한다는 것을 알 수 있다. 물론 외환시장의 주 통화가 달러와 유로화이지만 그렇다고 다른 통화들을 간과해서는 안 된다. 이제부터는 각 통화의 고유한 특징에 대해서 알아보도록 하자.

1) 달러(US dollar) – USD

　1785년 7월 6일 미국의 화폐로 지정된 이후 달러는 가장 널리 통용되는 화폐가 되었다. 1995년, 3,800억달러 이상이 유통되고 있는 것으로 확인되었는데, 이중 67%는 미국 외 지역에서의 유통이다. 2005년에는 이의 두 배 가량인 7,600억 달러가 유통되고 있다고 한다. 달러는 미국의 통화인 동시에 중요한 국제결제수단이기 때문에 세계에서 가장 중요한 국제통화이기도 하다. 미국의 중앙은행은 FRB(Federal Reserve Bank, 연방준비은행)이다.

2) 유로(EURO) - EUR

1999년부터 유통되기 시작해 2002년 7월부터 전면적으로 통용된 유럽연합의 단일 화폐다. 그리스, 네덜란드, 독일, 룩셈부르크, 몰타, 벨기에, 스페인, 슬로바키아, 슬로베니아, 아일랜드, 에스토니아, 오스트리아, 이탈리아, 키프로스, 포르투갈, 프랑스, 핀란드 등 17개국에서 유통되고 있다. 현재 EU 회원국 중 유로화를 쓰지 않는 국가로는 덴마크, 스웨덴, 영국, 불가리아, 체코, 헝가리, 라트비아, 리투아니아, 폴란드, 루마니아가 있다. 유럽연합(EU)의 중앙은행은 ECB(European Central Bank. 유럽중앙은행)이다.

3) 엔(Japanese yen) - JPY

일본의 통화이다. 미국 달러, 영국 파운드, 유로 등과 함께 세계적으로 영향력 있는 통화 중 하나에 속하며, 유로화 다음으로 외환시장에서 많이 거래되는 통화이다. 세계 금융시장에 불안심리가 강하면 엔화 자금의 회수로 인하여 엔화강세를 나타내며, 미국국채와 같이 안전자산으로 인식되어 있다. 일본의 중앙은행은 BOJ(Bank of Japan)이다.

4) 파운드(Pound sterling) - GBP

영국은 유로존에 속한 국가이지만 유로화를 사용하지 않고 자체통화인 파운드화를 사용한다. 영국은 금융산업이 일찍이 발달하였으며 전체 산업 중 금융산업이 차지하는 비중 또한 크다. 또 파운드화는 투기성이 강한 투자자들이 선호하는 통화이다 보니 다른 통화들에 비해 변동성이 크다. 1992년 파운드화를 위기사태로 몰고 간 조지소로스의 금융투기가 대표적 사례로 당시 그가 남긴 환차익은 무려 10억 달러였다. 따라서 초보 트레이더라면 충분히 실력과 경험을 쌓은 뒤에 파운드화를 거래하길 바란다. 영국의 중앙은행은 BOE(Bank of England, 영란은행)이다.

5) 호주달러(Australian dollar) - AUD

수십 년 간 추이를 살펴보면 광물자원이나 농작물의 시장 상황에 따라 호주달러는 강약세가 나타난다. 따라서 세계 경제가 일대 호황을 맞게 되면 덩달아 호주달러도 상승세를 보이며 반대로 광물자원시장이 불황이면 호주달러는 약세가 되는 경향이 있다. 또한 대 중국에 대한 무역비중이 커서 중국경제와도 밀접한 연관성이 있으며, 호주의 시드니 외환시장 운영 시간대가 아시아 외환시장과 동시간대에 있어 그 영향력이 더욱 크다. 호주의 중앙은행은 RBA(Reserve Bank of Australia)이다.

6) 스위스프랑(Swiss franc) - CHF

스위스의 중앙은행은 NBS(National Bank of Switzerland)이다. 스위스는 유럽 국가들 중 EU에 가입하지 않은 대표적인 국가이다. 이것은 스위스가 영세중립국을 표방하면서 지속적으로 추구해 온 독립성, 주체성, 중립성의 가치와 깊이 관련되어 있다. 그러나 스위스의 교역에서 EU가 차지하는 비중이 약 70%에 달한다는 것에서 볼 수 있듯 EU와의 관계를 떼어 놓고 스위스를 말하는 것은 불가능하다. 그래서 유로화에 상당한 영향을 받는 것이 스위스프랑화이다. 다음 차트를 보면 유로화와 스위스프랑화의 상관관계를 더 명확히 볼 수 있을 것이다.

[자료1-7] 같은 시간대의 유로화와 스위스프랑의 움직임①

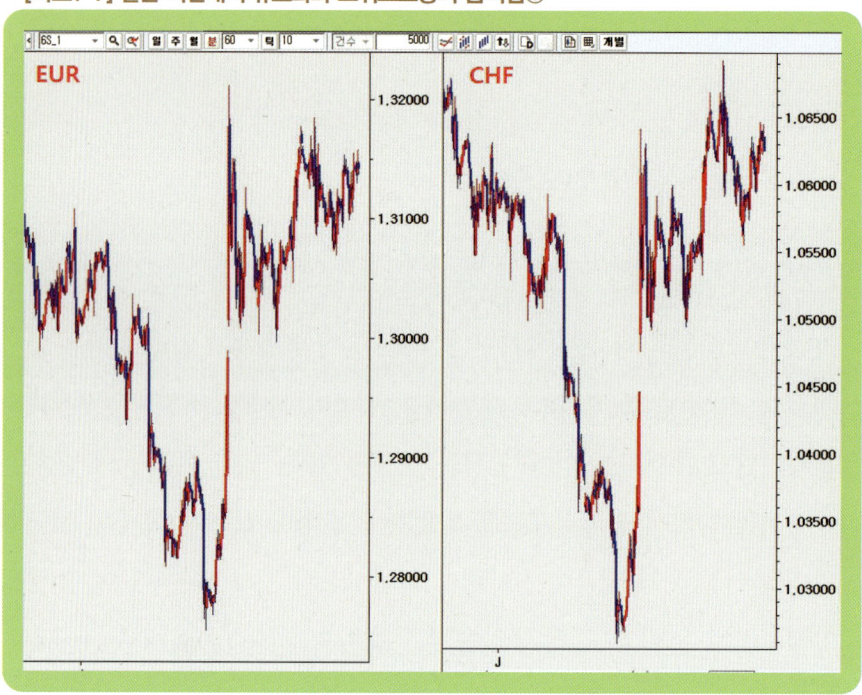

자료의 왼쪽차트는 유로화의 60분봉차트이고, 오른쪽차트는 스위스프랑화의 60분봉차트이다. 두 차트를 비교해보면 변동폭은 다소 차이가 있지만 거의 동일한 움직임을 보인다. 씽크율 95% 이상의 동조화 현상을 보인다. 만약 유로화의 움직임을 전혀 예상하기 어려울 때가 있다면 스위스프랑화의 차트를 통해서 간접적으로 유로화의 향후 움직임에 대해 예측을 해볼 수도 있다. 예를 들어 유로화는 횡보로 진행되는데 스위스프랑화의 캔들의 패턴이 하락반전형을 나타낸다면 유로화도 곧 하락할 가능성이 매우 높아진다.

[자료1-8] 같은 시간대의 유로화와 스위스프랑의 움직임②

　자료처럼 왼쪽 유로화의 A캔들은 아직 상승반전형 패턴이 미완성되어 좀 더 관망해야 되지만, 오른쪽 스위스프랑화의 B캔들은 확실한 상승반전형 캔들을 형성하고 있다. 이런 상황에서 트레이더는 유로화의 A캔들도 상승반전형으로 인지하고 유로화 매수로 진입하여도 좋다. 스위스프랑화의 이러한 속성들을 이해한다면 유로화를 거래하는데 있어 많은 팁을 얻을 수 있다.

7) 캐나다달러(Canadian Dollar) - CAD

　캐나다달러화는 유가와 원자재가격에 영향을 받는다. 캐나다는 원유, 천연가스, 우라늄을 세계에서 가장 많이 생산하는 국가들 중 하나로 세계 최대 에너지 생산국이자 수출국이다. 캐나다의 천연가스 생산량은 세계 3위이며 수출량은 세계 2위이다. 천연자원에 대한 국제시장의 가격형성과 정보를 잘 숙지하고 이를 이용해서 거래를 하면 좋은 결과를 기대해볼 수 있는 통화이다. 캐나다의 중앙은행은 BOC(Bank of Canada)이다.

PART 02

각국 경제지표를 이해하고
대응전략을 세워라

power note

chapter 01
경제지표 발표후
어떻게 대응해야 할까?

경제지표를 발표하면 크고 작은 변동성이 수반된다. 임펙트가 큰 지표나 당시 이슈가 되고 있는 지표의 경우는 더욱더 강한 변동성을 보인다. 지표는 크게 수치로 발표되는 것들과 성명서, 회의록, 기자회견 등과 같은 발표문 형식으로 공표되는 지표로 나뉘어진다.

수치로 발표되는 지표의 경우 과거에는 펀더멘탈대로 대응하기가 수월했었다. 그러나 2008년 9월 15일, 미국의 리먼 브라더스가 파산함으로써 촉발된 글로벌 금융위기 이후에는 안전자산 선호 현상이 나타나면서 많은 변화가 생겨 대응하기가 만만치 않게 되었다.

미국의 경제지표가 부정적으로 나오면 당연히 달러화약세로 가야하지만, 리먼 브라더스 사태 이후 시장참여자들은 국제경기 침체에 대한 우려로 인하여 위험성이 낮은 자산인 달러화나 미국 국채를 선호하게 되어 오히려 달러화강세를 유발한다. 반면 미국의 지표가 긍정적으로 나오면 달러화강세로 가야되지만, 시장참가자들은 국제경기 회복의 기대심리로 인하여 위험성이 다소 높은 자산인 유로화나 주식을 더 선호하게 되어 달러화약세를 유발하는 현상을 보이기도 한다.

안전자산 선호 현상으로 대응을 해야 할까? 아니면 펀더멘탈로 대응해야 할까? 어느 장단에 맞춰 대응할지 개인투자자로서는 큰 고민이 아닐 수 없다.

더구나 발표문 형태의 지표가 제시되었을 때, 개인투자자는 정보의 습득 속도면에서 뒤쳐지는가 하면 발표내용의 해석 자체가 어렵다. 발표되고 있는 과정에서도 전 세계의 경제전문가나 애널리스트들의 해석 자체도 제각각이다. 이런 혼전 속에서 거래자는 우왕좌왕 갈 길을 잃은 초보 병사가 되는 느낌이 들 것이다.

그렇다고 주저 앉을 수는 없다. 이 외환시장에서 전쟁은 이미 시작되었고, 트레이더는 그 속에서 살아남아야 한다. 적절한 대응방법이 없을까? 정답은 기술적 측면으로 시장을 보는 눈을 키우는 것이다. 이제부터는 각국 주요지표들의 내용과 지표들이 발표되고 난 후 어떻게 대응을 해야 하는지 기술적 측면에서 알아보도록 하자.

memo

chapter 02
미국의 경제지표 발표와 시장반응

1) 기준금리(Federal Funds Rate)

연방준비은행이 수급균형과 기금수요에 의해 결정된 조건을 충족하는 은행들에게 오버나이트론을 필요로 할 때 부과하는 금리이다.

연방기금 기준금리는 연방공개시장위원회(Federal Open Market Committee) 회의에서 결정되는데 7주 간격으로 총 8번 열린다.

기준금리는 환율 거래자들에게 이후 통화 정책과 그들의 금리 결정에 영향을 미치는 주요 경제 요인들을 포함한 중앙은행의 경제 상황 및 인플레이션 동향을 살펴보는데 사용된다.

미국은 2008년 12월 17일 제로금리(0~0.25%)를 시행한 후 2013년 현재까지 금리수준을 유지하고 있다.

[자료2-1] 엔화의 60분봉차트(2008.12.17일)

[자료2-1]의 차트는 미국이 2008년 12월 17일 제로금리(0~0.25%)를 발표한 이후 엔화의 60분봉차트의 모습이다. 미국의 금리발표는 국제외환시장에 엄청난 영향력을 제공한다.

2) FOMC 회의록(FOMC Meeting Minutes)

현시점에서 경제동향에 대한 자세한 시각과 향후 금리의사결정에 영향을 미칠 수 있는(인플레이션 예측을 포함한) 연방공개시장위원회의 최근 회의 내용을 자세히 기록한 것이다. 시장은 향후 금리변화에 영향을 미칠 수 있는 몇몇 주요 논점에 주목하는 경향이 있다. 예를 들어 만약 이 회의록에서 높은 에너지 가격과 인플레이션 상승에 영향을 미치며 급격하게 성장하는 주택 시장을 언급한다면 시장 참가자들은 앞으로 전개될 수 있는 금리인상을 예측하기 위하여 주목하는 경향을 보인다.

[자료2-2] FOMC회의록 발표후 유로화의 15분봉차트

3) 연방준비은행 성명서(FOMC Statement)

현시점의 경제 동향과 인플레이션에 대한 추측 등을 포함한 통화 정책과 전략에 관련된 연방공개시장위원회(Federal Open Market Committee)의 회의를 요약한 내용이다. 연방준비은행 성명은 외환 거래자들에게는 향후 통화 정책과 그들의 금리 결정에 영향을 미치는 주요 경제 변수들을 포함하여 발표한다. 따라서 중앙은행은 경제 상황 및 인플레이션 동향을 파악하는 데 활용한다.

[자료2-3] FOMC성명서 발표후 유로화의 15분봉차트

4) 건축허가건수

　Housing Starts는 신규주택 착공건수를 의미하며 Building Permits는 당월 건축허가 건수를 의미한다. 경제상황(침체기·회복기 등)을 알 수 있게 해주는 중요한 요인 중의 하나이며 가계예산 중 모기지 비용 등 주거관련 비용이 가장 많은 부분을 차지(약 40%)하고 있어 주택지표는 미국 경제 상황에 대한 설명하는 힘을 갖고 있다. 주택경기와 관련된 지표는 GDP(국내총생산)에서 작은 비중(약 5%)을 차지하지만, 투자부문에서는 27%를 차지하기 때문에 경제성장에 미치는 영향력이 크다.

　가구·가전제품 등 주거와 관련된 내구재도 주택시장의 움직임에 따

라 결정되는 만큼 발표되는 지표는 단순히 주택시장의 상황만을 포함하는 것이 아니다. 주택시장과 관련된 전반적인 상황을 설명해주며, 모기지가 일반화 되어 있는 미국의 경우 모기지 금리의 변화에 의해 영향을 받고, 보통 모기지 금리와 2~3개월간의 시차를 두고 움직인다.

5) 신규주택판매

주택경기 동향이 미 경제에서 차지하는 부분이 크며 경제의 중요한 부분이라는 점에서 선행지표로써 역할을 한다. 대부분의 가계가 모기지를 이용하여 주택을 구매하는 등 모기지 시장이 발달된 미국경제 여건을 고려할 때, 신규주택 판매의 부진과 주택 재고의 증가 그리고 이에 따른 주택가격의 하락은 미 경제의 소비 여력을 감소시키는 결과를

[자료2-4] 신규주택판매 발표 시 유로화의 15분봉차트

초래할 수 있다. 즉 주택시장 동향이 지니는 의미는 매우 크다고 본다. 이 지수의 감소는 신규주택 착공건수의 감소로 이어지며 이는 다시 건설부문의 고용 감소로 이어진다. 그리고 다시 목재와 가구 등 주택건설과 관련된 산업의 동반침체를 야기하며 이는 다시 고용 감소로 이어지는 악순환의 고리로 연결된다. 신규주택 판매 건수 외에 주택가격, 판매수량, 재고 등도 포함하여 발표하고 신규주택판매의 경우 변동성이 커서 월별 데이터 비교 시 유용성이 크지 않으며 보통 3개월 이동평균선 등을 사용한다.

6) 기존주택판매

기존 주택의 구입자들은 주택구입과 더불어 가전제품과 같은 소비재를 구매하기에 산업 전체에 순방향으로 파급효과를 미치게 된다. 금리가 변동될 경우 기존주택판매량은 민감하게 반응하게 되는데 금리가 상승하면 신규로 주택을 구입하는 사람은 모기지에 대한 이자부담 등으로 주택구입 자체를 포기할 수밖에 없기 때문이다. 또한 기존주택판매량은 금리에 따른 월별 등락율이 큰 지표 중 하나지만 혹서·혹한과 같은 계절적 특성으로 인한 영향 역시 많이 받기 때문에 주택 판매량은 시장에서 신뢰 할만한 지표로 인정받지 못하는 경향이 있다.

7) 내구재주문

제조업 활동이 얼마만큼 활발하게 진행되고 있는지를 살펴볼 수 있는 선행지표의 역할을 한다. 그리고 생산자간 변화를 예측할 수 있는 중요한 지표로써 변동성이 상당히 크기 때문에 지표산출을 위한 데이터 분석 시 3개월 이동평균선과 전년 동월비를 주로 사용한다. 특히 방위산업과 항공기 수주에 따라 내구재 수주규모가 큰 폭으로 변하게 되며 방위산업과 항공기 수주부분을 제외한 값이 시장에 영향을 미친다. 내구재주문, 출하, 재고의 세 가지 항목으로 구성되어 있는데 특히 출하량의 변화는 경기 전환점을 판단할 수 있는 선행지표의 역할을 한다. GDP의 10%를 차지하는 기계류 소비액의 예측에 도움을 준다.

8) 근원내구재주문

내구재주문 중 방위산업과 운송부분은 변동성이 크기 때문에 경기방향에 대한 분석을 위해 방위산업과 운송부분을 제외하고 분석한다. 또한 세부구성 요소 중 잔고는 중요한 의미를 갖는데 주문 잔고의 증가는 향후 내구재 생산 기업들의 생산속도증가를 의미하기 때문이다.

[자료2-5] 근원내구재주문 발표 시 유로화의 15분봉차트

9) 신규실업수당청구건수

매주 신규로 신청되는 실업수당 청구건수를 종합 발표하는 지표이다. 고용시장 동향에 대한 정보를 제공하기는 하나 큰 의미를 두기는 어렵다. 실업수당 청구건수가 증가하면 고용동향이 좋지 못하게 되고 이는 경기 둔화의 신호로 인식된다. 매주 발표되는 수치를 주간 단위로 비교할 경우 변동성이 심하기 때문에 4주간 발표된 수치를 평균한 이동평균값을 이용한다. 소폭의 변화로는 고용동향에 대한 예측을 하기 힘들기 때문에 3만 건 이상의 변화가 있을 때 의미있는 데이터라고 할 수 있다.

10) ADP 비농업취업자수 변화량(ADP Non-Farm Employment Change)

발표처는 오토데이터 프레세싱(ADP)사이다. 민간업체인 ADP사에서

[자료2-6] ADP비농업취업자수 발표 후 유로화의 15분봉차트

조사한 농업부분(정부부문을 제외한 전월 고용된 사람들의 변화를 나타내는 지표)과 이 지표는 미 정부에서 발표하는 비농업 고용 변화량 지표보다 이틀 전에 발표가 되는 지표이므로, 미 정부 발표치를 가늠할 수 있는 지표이다. 또 고용된 사람들의 변화는 개인 소비의 선행지표로 활용되기도 한다.

11) ISM제조업가격

장래의 인플레이션에 관한 기업 마인드를 수치화하여 나타낸 지표이다. 따라서 높은 수치는 인플레에 대한 강한 예상을 나타낸다. ISM지수는 50주의 20개의 업종, 400개 기업 이상을 대상으로 하는 매월의 조사로 소비자의 인플레이션에 대한 예상치를 나타내는 주된 지표가 되고 있다.

12) ISM비제조업지수

ISM서비스지수라고도 불리는 비제조업 ISM은 전국 370개 이상 기업체의 서비스 상품 구매 관리자들을 대상으로 조사를 한 것이다. 2차 산업인 제조업 못지않게 3차 산업인 서비스업 역시 경제 발전의 원동력인 것은 사실이다. 그럼에도 비제조업지수는 시장에서 거의 주목을 받지 못한다. 지수로써 발표 된 지 얼마 되지 않았기 때문에 비제조업지수가 있다는 것을 알지 못하는 사람들이 많은 편이다.

13) 비농업부문 고용자수 변화량(Non-Farm Employment Change)

월 1회 발표(매월 집계 후 다음 달 첫 번째 금요일에 발표)되는 지표이다. 농업 부문을 제외한 상태에서 지난달 동안 고용된 사람들의 변화수를 나타낸다. 일자리 창출은 경제활동에 중요한 선행지표로 보아야 한다. 특히 이 지표는 해당 월이 끝난 직후 발표되는 지표이므로, 시장에 미치는 영향력이 매우 큰 지표이다.

[자료2-7] 비농업부문 고용자수 변화량 발표 시 유로화의 60분봉차트①

[자료2-7]의 차트는 2012년 3월 8일 Non-Farm 발표시점인데, 예상치인 162K보다 좋은 236K로 결과치가 나오자 하락을 하는 모습이다. 펀더멘탈상 달러화강세에 의한 유로화약세가 반영되어 하락하는 것이다.

[자료2-8] 비농업부문 고용자수 변화량 발표 시 유로화의 60분봉차트②

[자료2-8]의 차트는 2013년 4월 6일 Non-Farm 발표시점으로 예상치인 207K보다 안 좋은 120K로 결과치가 나왔음에도 하락을 하였다. 펀더멘탈로는 달러화약세로 인한 유로화의 상승이 예상되었지만 시장의 결과는 유로화가 하락을 하였다. 이처럼 Non-Farm의 발표치가 좋고 나쁘고를 떠나서 시장의 반응은 제각각이다. 그래서 Non-Farm의 발표 되는 지표를 보고 섣불리 개인이 예상하여 진입해서는 절대 안 된다. 원칙적으로는 Non-Farm의 발표치가 좋으면 달러화강세여야 하며 발표치가 예상보다 하위에 있다면 달러화약세가 원칙이다.

하지만 글로벌 금융위기 이후 안전자산선호 현상이 나타나고 있다. 그래서 Non-Farm의 발표치가 부정적이면 글로벌경제의 불안 심리로 시장은 안전자산인 달러화를 선호하게 됨으로써 달러화강세의 현상이 나타나기도 한다. 다행스러운 것은 2013년에 들어와서는 글로벌경제가 조금씩 살아나면서 이러한 안전자산 선호현상이 진정되고 있음을 많은 지표를 통해 알 수 있다.

[자료2-9] 비농업부문 고용자수 변화량 발표 시 유로화의 60분봉차트③

[자료2-9]의 차트는 2013년 4월 5일 Non-Farm 발표시점인데 예상치인 198K보다 안 좋은 88K로 결과치가 나오자 펀더멘털대로 유로화의 상승을 보여주고 있다. 이처럼 지표의 결과치가 발표난 후 개인 트레이더가 펀더멘털 측면에서 판단하여 매매에 대응하기는 매우 어려운 것이 현실이다. 그럼 지표발표 후 순수한 기술적분석을 통한 매매방식을 알아보도록 하겠다. 일명 '15분 매매법'이다.

15분 매매법을 사용하는 이유는 Non-Farm 같이 시장에 영향력이 강한 지표들이 발표된 이후 15분 동안은 총성 없는 전쟁을 불사한다. 메이져들간의 죽고 죽이는 전쟁인 것이다. 이 15분 동안의 변동폭 안에서

[자료2-10] 15분 매매법에 의한 진입자리와 대응방법①

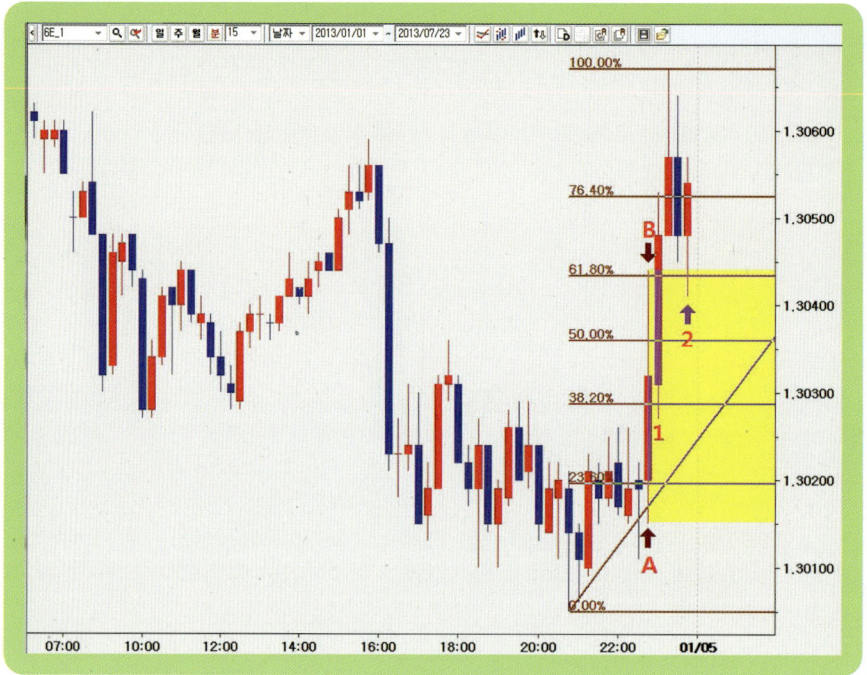

[자료2-11] 15분 매매법에 의한 진입 후 유로화의 모습①

는 참혹한 전쟁의 잔해만 남을 뿐이다. 결국 이 전쟁에 승리한 자만이 15분 동안의 변동폭에서 벗어나 위로든 아래로든 새로운 추세를 형성하여 진행한다. 그래서 15분 동안의 변동폭에서 벗어나야 거래를 할 수 있는 것이다. 여기에 착안하여 필자는 지표발표 이후 거래 시 '15분 매매법'을 구사하게 되었다.

[자료2-10]의 차트는 2013년 1월 4일 Non-Farm발표 때의 차트이다. 지표가 발표되고 15분 동안의 변동폭은 A~B의 노란색박스이다. 15분 매매법은 이 박스를 기준으로 박스 안에서는 관망을 하며 박스 상단이든 하단이든 돌파되는 방향으로 피보나치를 활용하여 추세를 따라가는 매매방식이다. 1번 캔들이 A~B의 박스 상단을 돌파하면서 완성봉을 만들었다. 그리고 박스상단은 피보나치로 61.8%선이다. 박스상단이면서 피보나치 61.8% 부근이 매수진입자리가 되며 2번 캔들에서 매수로 진입하는 것이다.

[자료2-11]의 차트는 [자료2-10]에서 매수진입한 후의 모습이다.

[자료2-12] 15분 매매법에 의한 진입자리와 대응방법②

　　[자료2-12]의 차트는 2012년 11월 2일 Non-Farm 발표 때의 차트이다. 1번 캔들이 A~B 박스를 하향돌파하면서 완성봉을 만들었다. 그리고 박스하단은 피보나치로 76.4%선이다. 박스하단이면서 피보나치 76.4% 부근이 매도진입자리가 되며 2번 캔들에서 매도로 진입하는 것이다.

memo

[자료2-13] 15분 매매법에 의한 진입 후 유로화의 모습②

[자료2-13]의 차트는 [자료2-12]에서 매도진입한 후의 차트의 모습이다.

[자료2-14] 박스이탈이 없는 횡보장에서의 대응방법

　　[자료2-14]의 차트는 2013년 4월 5일의 Non-Farm 발표 때의 유로화의 15분봉차트이다. 지표발표 이후 A~B의 박스권을 장마감 때까지 벗어나지 않는 횡보장이다. 박스권 내에서는 관망을 해야 하기 때문에 이러한 날은 거래를 안 하는 것이 원칙을 지키는 것이 된다.

14) 실업률

　　실업률은 노동 가용인구에서 실업상태에 있는 사람들의 비율을 나타낸 수치이다. 그러나 실업률 통계의 문제점은 조사샘플이 작다 보니 비농업분야 노동자수 조사보다 더 신뢰성이 떨어진다. 그러므로 실업률 통계에 변화가 발생하면 노동력 고용률 자체를 점검해서 비이성적인 등락이 아닌지 점검해 보아야 한다.

15) 생산자물가지수(PPI)

식료품과 에너지를 분야를 제외하고, 생산자에게서 판매되는 재화와 용역의 최종 가격의 변화율을 나타내는 지표이다. 생산자의 물가지수에서 식료품과 에너지가 차지하고 있는 비중이 약 40% 정도에 달해 데이터의 신뢰도를 상쇄시키므로 이를 제외한 상태에서 지표를 구한다.

16) 소비자물가지수(CPI)

일반 소비자들이 소비하는 대표적인 재화와 서비스를 묶은 조합(BASKET)에 대해 소비자 가격의 변화를 측정하고자 하는 지표이다. CPI는 식료품, 의복, 거주공간, 연료, 교통, 의료와 사람들이 살기 위해 매일 구매하는 모든 것을 목록으로 만들어 가격을 산출한다. 목록은 총 7가지(주거, 식품, 운송, 의료, 의류, 오락, 기타)로 세분화되며, 상대적 중요성에 따라 가중치를 적용한다.

생산자 물가지수처럼 시장은 인플레이션 압력을 정확하게 판단하기 위해 식품과 연료비를 제외한 수치(근원소비자물가지수)에 중점을 둔다. 음식과 에너지 가격은 경제와 관련 없는 조건들(날씨, 원유공급, 전쟁 등)로 인해 변동할 수 있기 때문에 소비자 물가의 변동에 영향을 미치는 요소들을 제외한다.

17) 근원소비자물가지수(근원CPI)

소비자물가지수에서 인플레이션 압력을 정확하게 판단하기 위해 식품과 연료비를 제외한 수치(근원소비자물가지수)에 중점을 둔다. 음식과 에너지 가격은 경제와 관련 없는 조건들(날씨, 원유공급, 전쟁 등)로 인해 변동할 수 있기 때문에 소비자 물가의 변동에 영향을 미치는 요소들을 제외한다.

18) 소매판매(Retail Sales)

상무성에서 매월 13일 혹은 14일 정도에 발표하며 자동차판매상, 백화점, 음식점, 주유소, 양화점, 약국 등 소매상점에서 판매한 제품의 달러화가치를 의미하는데 통상 전체 소비자지출액의 절반 혹은 GNP의 1/3 정도를 차지한다. 처음 발표되는 월중 소매판매고는 불완전한 자료를 토대로 얻어지기 때문에 나중에 크게 수정되지만 소비자 지출액을 추정할 수 있는 첫 번째 자료라는 점에서 그 중요성이 있다.

[자료2-15] 소매판매 지수 발표 후 유로화의 15분봉차트

19) 국내총생산(GDP; Gross Domestic Product)

모든 경제지표 중 가장 포괄적인 거시적 경제지표로써 이미 발표된 기초통계를 이용해 편제되는 가공통계이므로 확정 GDP를 입수하기까지 비교적 많은 시일이 소요되는 단점이 있다. 분기GDP는 다음 분기 첫째 월 25일경에 추정치(advanced report)가 발표되며 잠정치(preliminary report)는 그 1개월 후인 다음 분기 둘째 월에, 확정치(final report)는 다음 분기말 월에 각각 수정 발표된다. 연간 GDP는 다음해 7월에 과거 수년의 수정치와 함께 최종 확정 발표되며 중요내용은 GDP 성장률(불변가격기준), 최종판매(final sales)증가율, 재고증가 등이다.

[자료2-16] GDP발표 후 유로화의 15분봉차트

20) 미시건대 소비자경기 체감지수 예상치

500명의 가계 소비자들을 상대로 경제 상황과 그들의 구매력에 대하여 얼마나 신뢰를 가지고 있는지를 측정한다. 민간 조사단체 컨퍼런스보드가 발표한 소비자 신뢰도와 마찬가지로 미시건대 소비자 경기 체감지수 예상치는 소비자 지출의 선행지표로 외환 거래자들에게는 개인의 지출 경향 및 현재 가계 수요의 만족도와의 관련성을 측정하도록 만들어진 경제 동향 결정에 주로 사용된다.

이와 함께, 많은 사람들이 그들의 소득 안정에 대해 낙관적이면 대부분의 사람들은 경제 상품 및 서비스 구매를 한다. 현재 상황에 대한 의견이 이 지수의 40%를 차지하며, 이후 상황에 대한 예상이 나머지 60%를 차지한다. 또한 이 지표는 로이터/미시간 대학 소비자 경기 체감지수로도 잘 알려져 있다. 미시건대 소비자 경기 체감지수는 예상치 발표 15일 이후 개정치가 발표된다. 예상치가 더 먼저 발표되는 만큼 더 큰 영향력을 가진다.

21) 컨퍼런스보드 소비자신뢰지수(CB Consumer Confidence)

선별된 5,000여 가구에게 그들의 현재 및 미래 경제와 지출 상황에 대한 체감을 그들의 지출과 저축 활동을 통하여 측정한다. CB 소비자 신뢰지수는 1967년에 시작되어 1985년의 평균치를 100으로 환산해 측정한다. 1985년이 선택된 이유는 이 해가 최고점도, 최저점도 아니었기 때문이다. 이 지수의 40%는 현재 상황에 대한 의견으로 이루어져 있으며 이후 상황에 대한 기대가 나머지 60%를 이루고 있다.

CB 소비자 신뢰지수는 선행지표로 외환거래자들 사이에서는 소비자 지출을 예측하는데 주로 사용된다. 또한 개인의 지출 성향 및 현재 가계 수요의 만족도와의 관련성을 측정하도록 만들어진 경제 동향 결정에도 사용된다. 이와 함께, 사람들이 그들의 수익의 안정에 대해 낙관적인 모습을 보일수록 상품 및 서비스 구매를 늘리게 된다. 이 외에도 소비자 신뢰 정도를 잘 측정하도록 만들어진 지수로는 UoM 소비자 신뢰지수로 미시건 주립대학의 사회 조사 연구소에 의하여 조사된 것이 있다.

[자료2-17] CB소비자신뢰지수 발표 시 유로화의 15분봉차트

22) 베이지북(Beige Book)

일반적으로 '미 지구 연방은행 경제 보고서(Summary of Commentary on Current Economic Conditions by Federal Reserve District)'로

불리는 연방준비은행 보고서이다. 금리에 대한 FOMC의사록 발표 직전에 발행되며 보통 이전 회의로부터 변화된 의견을 통지하곤 한다. 베이지 북은 현 지역 경제 상황에 대한 연방준비제도이사회 산하의 12개 연방준비은행의 의견으로 구성되어 있다.

베이지북은 외환거래자들에게 금리와 다른 통화 정책에 대한 FOMC의 의사록과 더불어 12개 지구 연방준비은행의 경제 활력의 기준지표로 활용된다. 그러나 FOMC는 그린북이나 블루북의 제공을 받기 때문에 그 영향력은 제한적이다. 그린북은 미국 경제에 대한 연준 스태프들의 예측을 담은 것이다. 그리고 블루북은 금리 결정에 많은 영향을 미치는 것으로 폭 넓은 신뢰도를 가지고 있는 차선 통화 정책에 대한 위원회의 분석을 나타내는 것을 말한다. 블루북이나 그린북은 민간에 공개되지 않는다.

chapter 03
영국 경제지표 발표와
시장반응

1) 기준금리(Official Bank Rate)

영국은행이 수급균형과 기금수요에 의해 결정된 조건을 충족하는 은행들이 오버나이트론을 필요로 할 때 부과하는 금리이다. 기준금리는

[자료2-18] 기준금리 발표 시 파운드화의 60분봉차트

보통 환율 거래자들에게 이후 통화 정책과 그들의 금리 결정에 영향을 미치는 주요 경제 요인들을 포함한 경제 상황 및 인플레이션에 대한 중앙은행의 시각을 들여다보는데 사용된다.

2) 통화정책회의 금리연설(MPC Rate Statement)

현 경제 동향과 인플레이션 추측에 대한 자세한 관점을 포함한 통화정책과 전략에 관한 통화정책위원회의 회의 결과를 요약한 것이다. 환율 거래자들에게 이후 통화 정책과 그들의 금리 결정에 영향을 미치는 주요 경제 요인들을 포함한 중앙은행의 경제 상황 및 인플레이션 시각을 들여다보는데 사용된다.

memo

3) MPC(통화정책위원회) 회의록(Meeting Minutes)

월 1회 발표(금리발표 후 2주후에 발표)한다. 최근 영국 중앙은행의 통화정책위원회 회의 내용을 기록해 놓은 자료로, 이 자료를 통해 금리 결정의 배경과 추후 금리의 방향을 예측해 볼 수 있다. 일반적으로 예상보다 매파적인 발언일 경우 해당통화(GBP)의 강세를 기록하는 경향이 있다. 통화 정책 위원회의 투표 결과는 이 보고서의 가장 중요한 부분으로, 투표 결과는 'X-X-X' 형식으로 표시되며 '금리인상 - 금리인하 - 금리동결' 순으로 찬성한 의원들의 수를 표시를 한다.

[자료2-19] MPC회의록 발표 후 파운드화의 15분봉차트

4) 실업수당청구 변동(Claimant Count Change)

지난달 실업수당 청구를 통해 혜택을 입은 사람들의 변동수를 측정한 지표이다. 일반적으로 발표치가 예상치를 하회할 경우 해당통화(GBP)의 강세를 기록하는 경향이 있다. 이 지표는 후행성 지표이기는 하지만 고용에 관한 첫 번째 지표이므로 시장에 큰 영향을 미치는 지표 중 하나이다.

[자료2-20] 실업수당청구건수 발표 후 파운드화의 15분봉차트

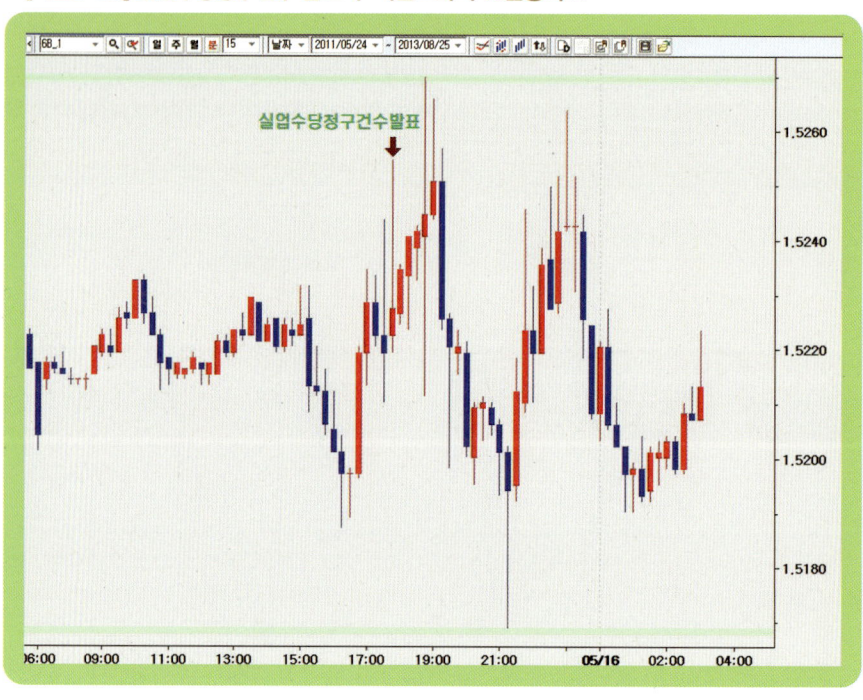

5) 소매판매

영국 통계청에서 매월 말 집계 후 약 20일 후 발표하며 소매 수준의 판매 총량의 변화율을 나타낸다. 예상치 상회 시 GBP에 긍정적 효과를 미친다. 이것은 전반적인 경제 활성화를 파악할 수 있는 소비자들의 소비 성향의 가장 주요한 지표이다. 이 지표는 파급효과가 가장 빠르고 광범위하며 실제적인 소비자 소비를 알 수 있는 자료이다.

[자료2-21] 소매판매 발표 후 파운드화의 15분봉차트

6) 국내총생산(GDP; Gross Domestic Product)

통계청이 발표하며 경제 활동에 의해 생성된 재화와 용역의 가치 변화율을 나타낸다. 분기별 조사 후 약 85일 뒤 발표되며 예상치 상회 시 GBP에 긍정적 영향을 미친다. 이 지표는 경제 활동성을 측정하는 가장 광범위한 지표이며 경제 건전성을 측정하는 주요 지표이다.

[자료2-22] GDP발표 후 파운드화의 15분봉차트

7) 제조업PMI

제조업에 종사하는 구매 관리자를 대상으로 한 확산지수로 구매공급 관리자협회에서 매월 조사 후 다음 달 첫 번째 영업일에 발표한다. 이 지표는 톰슨 로이터에 약 2분전에 발표가 되기 때문에 시장이 발표 전에 반응할 수 있다. 수치가 50 이상이면 산업 확장을, 50 이하면 위축을 의미한다. 구매 관리자가 구매량을 늘리느냐 줄이느냐를 파악할 수 있는 기준이기 때문에 기업이 시장 상황에 얼마나 빠르게 반응하는지를 알 수 있다.

[자료2-23] 제조업PMI 발표 시 파운드화의 15분봉차트

8) 건설업PMI

영국 자국 내에서 건설업에 종사하는 약 170여명의 구매담당자를 대상으로 조사한 확산지표이다. 일반적으로 발표치가 예상치를 상회할 경우 해당통화(GBP)의 강세를 기록하는 경향이 있다. 이때 구매담당자를 대상으로 조사한 것에는 고용, 생산, 신규주문, 가격, 재고 등이 포함된다. 일반적으로 50 이상이면 건설경기의 확장을, 50 이하이면 건설경기의 위축을 의미한다.

[자료2-24] 건설업PMI 발표 후 파운드화의 15분봉차트

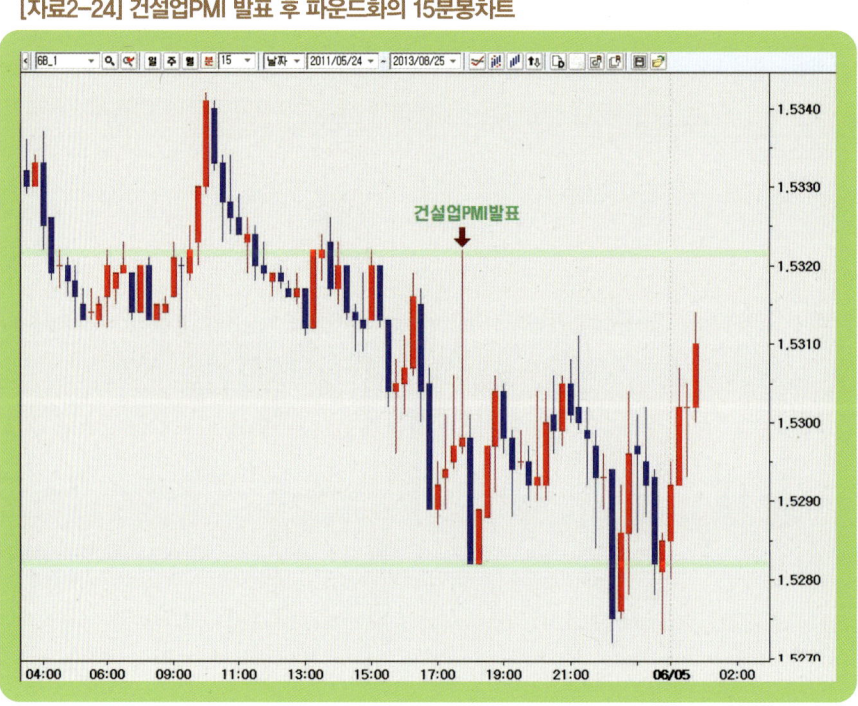

9) 서비스PMI

서비스 산업의 구매관리자들을 대상으로 조사한 확산지수이다. 구매공급자협회에서 매월 말 조사 후 다음 달 세 번째 영업일에 발표한다. 이 데이터는 톰슨 로이터에서 공식발표 2분전에 발표가 되기 때문에 공식발표 이전에 시장에 영향을 미친다.

50 이상은 업종의 확장을, 이하는 축소를 나타낸다. 예상치 상회 시 GBP에 긍정적 영향을 끼친다. 기업은 시장 상황에 민감하게 반응하므로 이 지표는 경제 건전성을 나타내는 선행지표로 활용된다. 이 지표는 해당 업종 종사자들에게 고용, 생산성, 신규주문, 가격, 공급 배달량, 재고량 등에 대해 설문조사한 지표이다. 이 지표는 서비스업 경기의 선행지표로 활용된다.

[자료2-25] 서비스PMI 발표 시 파운드화의 15분봉차트

10) PPI투입 생산자물가지수

영국 통계청에서 매월 조사 후 약 12일 뒤 발표하며 제조업자에게 구매된 원자재와 제품의 가격 변화율을 말한다. 예상치 상회 시 GBP에 긍정적 영향을 끼친다. 이 지표는 소비자 물가 상승률의 선행지표이다. 제조업자가 원자재를 구매할 때 더 많은 비용을 지불한다면 그 증가분은 곧 소비자들에게 전가되기 때문이다. 이 지표는 중요성이 매우 큰데 그 이유는 이 지표가 소비자 물가지수 앞에 발표되기 때문이다.

11) 영국은행 인플레보고서(BOE Inflation Report)

이 보고서는 향후 2년간 영국의 경제 성장 및 인플레이션에 대한 영국중앙은행의 예측에 관해서 기술해 놓은 보고서로, 영국중앙은행이 보는 현 경제 상황에 대한 관점을 제시해준다.

12) 소비자물가지수(CPI)

소비자물가지수는 식품과 가스를 포함하여 일반 소비자가 소비생활을 영위하기 위하여 구입하는 재화의 가격과 서비스 요금의 변동을 종합적으로 측정하기 위하여 작성되는 물가지수를 말한다. 이는 최종소비자 구입단계에서의 물가변동을 파악하여 일반 도시가구의 평균적인 생계비 내지 소비자구매력을 측정하기 위한 지수다. 영국의 인플레이션을 측정하는 핵심 지표이고 잉글랜드은행(Bank of England)이 금리를 결정할 때 소비자물가지수를 참고한다.

[자료2-26] 소비자물가지수 발표 후 파운드화의 15분봉차트

13) 공공부문 순채무액(Public Sector Net Borrowing)

공기업, 중앙정부, 지방정부의 전월 수입과 소비의 차이를 나타낸 지표이다. 발표에 대한 일정한 방향성은 없는 편이다. 수치에서 양수가 나온다는 것은 수입이 소비보다 많다는 것을 의미한다.

memo

chapter 04
유로존의 경제지표 발표와 시장반응

1) 기준금리(Minimum Bid Rate)

금리, 조달금리(Refi rate), 혹은 재할인금리(Repo Rate)로 불리며 은행 시스템에 유동성을 제공하는 재 융자를 기초로 하고 있다. 이는 6명

[자료2-27] 기준금리 발표시점에서 유로화의 60분봉차트

의 중앙은행 이사회와 16명의 유럽 지역 중앙은행 총재들에 의하여 결정된다. 정책자들은 금리를 어떻게 정할지에 대하여 의사표시를 하게 된다. 금리는 통화 가치평가의 매우 중요한 요소이다.

ECB에서 2013년 5월 2일 기준금리를 기존의 0.75%에서 0.5%로 금리를 인하한다는 발표 때의 시장의 모습이다. 기준금리를 인하하였을 경우는 해당통화가 시중에 많이 풀리게 되어 화폐의 가치가 하락한다.

2) 유럽중앙은행 금리발표 기자회견(ECB Press Conference)

기자회견의 연설자는 유럽중앙은행의 총재와 부총재이다. 한 달 간격으로 일정이 잡혀 있으며 약 1시간 동안 진행된다. 유럽중앙은행 기자회견은 두 파트로 나뉘어져 있다. 준비된 성명서를 읽고, 이후 기자단으로부터 질문을 받는 포럼을 연다. 이 기자회견은 금리 결정, 인플레이션과 경제에 영향을 미칠 수 있는 여러 시나리오 등과 같이 주요 경제 요인들의 세부 사항들에 대하여 논의한다. 기자회견 중 중앙은행은 이후 실행 할 수 있는 통화 정책에 관한 힌트를 제공하기 때문에 이 지표가 유럽중앙은행이 투자자들과 소통하는 일차적 도구로 여겨진다.

3) 독일 ZEW 경기기대지수(German ZEW Economic Sentiment)

독일의 유럽경제연구소에서 발표하는 경기전망지수로 약 350여명의 전문가를 대상으로 유로지역의 향후 경기 전망에 대해 조사한다. 지수는 낙관적이라는 대답의 비율과 비관적이라는 대답의 비율차이로 표시되며 0보다 클 경우 향후 유로지역 경기를 낙관적으로 예상하는 비율이 비관적으로 예상하는 비율보다 많음을 의미한다. 매월 10~17일 사이에 독일의 경제연구소인 ZEW(Zentrum fur Europalsche)에서 발표하며 실제치 보다 상향 시 채권시장 약세, 주식시장 강세, 유로화 강세 요인으로 작용한다. 물론 하회 시 반대의 영향을 끼친다.

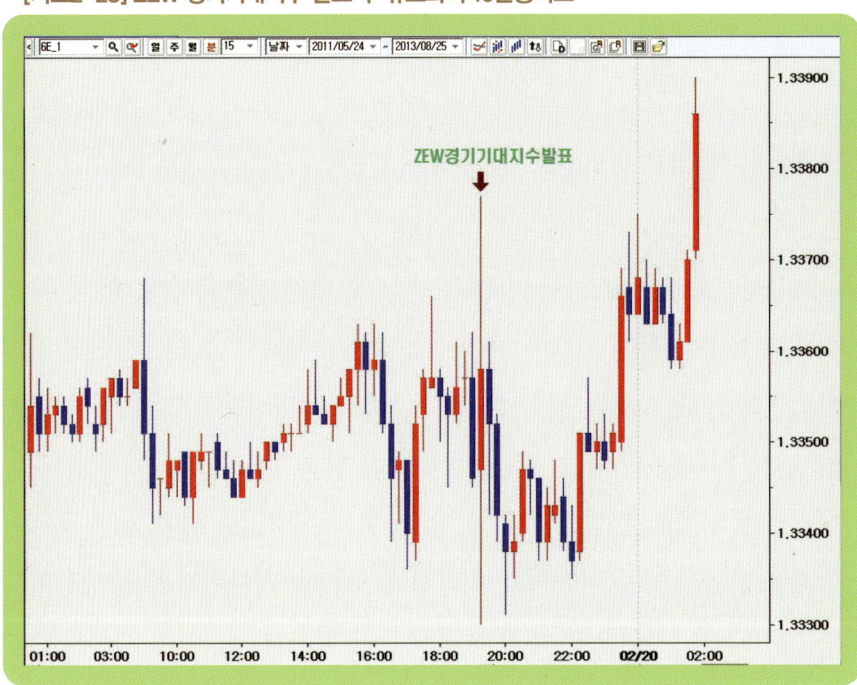

[자료2-28] ZEW 경기기대지수 발표 후 유로화의 15분봉차트

4) 독일 IFO 기업동향(German IFO Business Climate)

독일 기업들을 대상으로 향후 6개월 동안 기업의 예상 및 동향에 대한 질의응답으로 구성된 월별 설문조사이다. 이 지표는 독일 및 유럽 전 지역 상황에 대한 상당한 규모의 전통적 기업 동향 설문조사도로써 그 신뢰도가 매우 높다.

독일 IFO 기업동향은 독일이 유럽 지역 GDP의 1/4을 차지할 만큼, 유럽지역을 대표하는 경제 대국인 관계로 중요한 경제 활력지표이다. 이 지표는 100을 기준으로, 100을 넘을 경우 기업 심리가 긍정적임을 나타내며 소비자 지출 및 경제 성장으로 인해 경제가 활성화됨을 뜻한다. 반대로 100 이하를 나타낸 경우 이는 부정적 동향 혹은 경제 둔화를 가리킨다.

5) 독일 최종소비자물가지수 변동률(German Final CPI m/m)

소비자들에 의해서 소비된 재화와 서비스 가격의 변화율을 나타낸 지표이다. 일반적으로 발표치가 예상을 상회할 경우 해당통화(EUR)의 강세를 기록하는 경향이 있다. 소비자 물가지수는 약 15일 간격을 두고 두 번에 걸쳐서 발표가 된다. 그 중 첫 번째 발표가 예상치이고 두 번째 발표가 최종치이다. 이때 시장에 더 영향을 미치는 것은 첫 번째 발표가 되는 예상치이다

chapter 05
호주의 경제지표 발표와
시장반응

1) 기준금리(Cash Rate)

호주중앙은행(RBA)에 의하여 결정 및 발표되는데 이는 RBA와 함께

[자료2-29] 기준금리 발표 후 호주달러화의 60분봉차트

중앙은행의 규정에 부합하는 은행이 일일 대출을 원할 경우 해당 은행에 부과되는 금리이다. 이 금리 결정은 매 달 첫 번째 화요일에 발표된다. 기준 금리는 외환 투자자들이 호주 중앙은행의 정책과 의견을 미리 볼 수 있는 매우 좋은 지표이다. 기준 금리는 최근 경제 동향 및 RBA의 인플레이션에 대한 시각을 반영하며 현재와 미래 경제 및 통화 정책에 대한 암시를 참고한다.

2) 호주중앙은행 금리연설(RBA Rate Statement)

호주중앙은행(RBA)이 최근 금리와 그들의 경제 동향에 대한 논의를 발표한다. 이 보고서는 현재 통화 정책과 중앙은행에 의한 고용 스테이지 목록을 작성한다. 이 발표는 거래자들에게 호주중앙은행의 동향과 평가에 대한 힌트를 얻는다. 그것 외에도 통화 가치 평가에 영향을 미치는 통화 정책 움직임을 예측할 수도 있다.

3) 통화정책 회의록(Monetary Policy Meeting Minutes)

금리 발표 2주 후, RBA에 의해 발표되는 회의록으로 이 보고는 계획된 정책들과 전략, 그리고 중앙은행의 경제 동향 등을 요약, 목록화한다. 또한 가까운 시일 내에 있을 인플레이션 동향에 관한 은행의 시각을 제공하기도 한다. 이 보고서는 발표 때마다 시장에 많은 변동성을 가져오기도 한다. 거래자들은 이 지표를 경제동향과 금리동결·변동 결정에 대한 은행의 시각변화 정보를 얻는데 사용한다.

4) 호주준비은행(RBA) 금융정책 보고서(RBA Monetary Policy Statement)

호주준비은행(RBA) 금융정책 보고서(RBA Monetary Policy Statement)는 은행 정책과 현 경제 동향에 대한 자세한 시각을 포함한 전략 그리고 주요 경제 요인을 포함한 인플레이션 추측 등과 관련한 가치 있는 의견을 제공하는 것으로 알려져 있다. 호주준비은행(RBA) 금융정책 보고서는 일반적으로 외환 거래자들에게 경제 상황과 이후 통화 정책을 구체화하고 금리 결정에 영향을 미치는 주요 경제 요인을 포함한 은행의 시각에 대하여 중요한 의견을 제공한다.

5) 국내총생산(GDP; Gross Domestic Product)

분기별 GDP 보고는 내·외국인에 의하여 호주에서 생산된 상품 및 서비스의 총 가치를 측정한다. GDP 보고는 총 4가지로 구성되어 있는데, 정부지출, 민간 국내 투자, 민간 지출 그리고 무역흑자이다. 거래자들은 GDP 보고를 경제 성장 및 위축을 폭넓게 측정하는 지표로 여기며, 이를 현 상황에 따른 통화 정책 향방 및 경제 시나리오를 판단하는데 사용한다. GDP의 안정적인 성장은 투자 및 지출 증대로 인한 경제 성장을 의미한다. 반대로, 불안정한 성장 혹은 위축은 공황 상태 혹은 지출 하락을 의미한다. 분기별 성장률이 2회 연속 상승하면 호황을, 2회 연속 수축하면 불황을 뜻한다.

[자료2-30] GDP 발표 후 호주달러화의 15분봉차트

6) 전월대비 고용변화량(Employment Change)

매월 둘째 주 호주 통계청은 고용 변화량을 발표한다. 전월의 피고용자 수의 변화를 측정하는데 이는 소비자 지출을 판단하는 일치 지표로써 경기 흐름과 관련된 고용 상황을 살펴보는데 유용하다. 고용 변화량의 상승은 호경기를 가리키며 소비지출 및 가처분 소득이 상승하는 것으로 이어진다. 반면 고용 변화량의 하락은 불경기를 나타내며, 소비지출의 하락으로 중앙은행이 금리 인하와 같은 조치를 단행하게끔 한다.

[자료2-31] 고용변화 발표 후 호주달러화의 15분봉차트

7) 소매판매(Retail Sales)

호주 전반에 걸친 각기 다른 형태와 크기의 소매판매 표본을 사용하여 소매판매점에서 판매된 모든 상품과 서비스 총액의 변화를 분석한다. 이 지표는 소비자 지출 성향을 알려주는 일치 지표로써 경제 활력 면에서 많은 부분을 차지한다. 또한 분기별 소매판매는 넓은 구매 패턴 파악을 위하여 자동차 판매도 포함한다. 소매판매 총액의 하락은 소비 패턴의 약화를 가리키며, 불황을 알리는 경제활동율 둔화를 뜻한다. 반대로 소매판매 총액의 상승은 소비지출의 상승을 의미하며 경제 활동의 성장 및 비즈니스 사이클의 확대를 뜻한다.

[자료2-32] 소매판매 발표 시 호주달러화의 15분봉차트

chapter 06
일본의 경제지표 발표와 시장반응

1) 통화정책연설(Monetary Policy Statement)

통화 정책과 현 경제 동향 및 인플레이션에 대한 자세한 시각들을 포함한 전략 등과 관련하여 일본 중앙은행의 회의 내용을 요약한 것이다. 일본은행 정책 위원회는 한 달에 한 번, 이틀간 국내외의 경제 성장에 관하여 논의한다. 이 회의의 정점은 금리 조정이나 통화 정책에 관한 의견 등의 발표이다. 다른 중앙은행들처럼 일본은행은 경제성장, 고용 그리고 선출된 정부로부터의 추천을 고려한 가격 안정을 담당하고 있다.

이러한 목표와 함께 '금융시장사업을 위한 가이드라인(Guideline for Money Market Operations)'이 매 회의 때마다 세워진다. 금리의 변화는 소비자 대출, 모기지, 채권과 엔화의 환율에 상당한 영향을 미친다. 이 연설은 경제에 관한 일본은행의 전반적 시각이며, 또한 이후 통화 정책 결정에 대한 힌트를 제공하기도 한다. 이후의 금리 결정은 일반적으로 현재의 금리 보다 훨씬 더 중요하다.

2) 일본 중앙은행 기자회견(BOJ Press Conference)

일본 중앙은행의 정책과 회의 중 논의된 현 경제 동향 및 인플레이션에 대한 자세한 시각들을 포함한 전략 등을 요약한 것이다. 일본 중앙은행 기자회견은 일반적으로 외환 거래자들에게 경제 상황과 이후 통화 정책을 구체화하고, 금리 결정에 영향을 미치는 주요 경제 요인을 포함한 은행의 시각에 대하여 가치 있는 의견을 제공한다.

3) 기준금리(Overnight Call Rate)

일본은행의 재할인어음(rediscounts bill)과 금융기관으로의 확장대출에 적용되는 금리로 수급균형과 자금수요에 의하여 결정된다. 기준금리는 보통 환율 거래자들에게 이후 통화 정책과 금리 결정에 영향을 미치는 주요 경제 요인들을 포함한 경제 상황 및 인플레이션에 대한 중앙은행의 시각을 들여다보는데 사용된다.

4) 경상수지(Current Account)

금융거래를 제외한 일본 국제 무역의 물품, 서비스 그리고 일반적 경상거래수지 차액을 말한다. 일본 경상수지 총액은 경상수지로 통칭되며 물품, 서비스, 소득 그리고 일본 내외로 전환된 흐름을 요약한 것이다. 경상수지는 이것이 해외 자산 투자로 전환 될 수 있는 대외원조(foreign aid), 소득흐름(income flows)과 같은 이전지출(transfer payment)을 포함함에 따라 무역 수지보다 넓은 의미이다.

하지만 경상 수지의 가장 중요한 구성요소는 무역수지 총액이다. 일본은 전통적으로 전반적 경기 확장이 수출로 인해 이루어지는 수출 기반 경제를 갖고 있다. 오늘날에도 무역 흑자는 일본 경상수지 흑자를 유지하는 기반을 형성하고 있다. 경상 수지는 또한 통화 가치에 직접적인 영향을 미치는 해외 무역 흐름 순익을 측정하는데 유용하게 사용되고 있다. 경상수지 흑자는 엔화가 일본으로 유입되고 있으며 이것이 엔화의 상승을 압박하고 있음을 시사한다. 그와 반대로 경상수지의 적자는 엔화가 일본으로부터 반출되고 있으며 이것이 엔화의 하락을 압박하고 있음을 나타낸다.

5) 단칸 제조업지수(Tankan Manufacturing Index)

1,200여 개의 대규모 제조업자들을 상대로 향후 제조산업의 기업 성장 정도를 설문 조사한 경기동향지수이다. 단칸 제조업지수는 경제 활력의 선행지표로 외환 거래자들 사이에서는 여러 종류의 투자들이 각기 다른 시장 상황에서 어떻게 반응하는가를 살펴보는데 주로 사용된다. 또한 이 지표는 기업의 수익 및 투자와 관련이 높은 판매율과 소비자 지출 정도를 측정하는데 매우 유용하다. 단칸 제조업지수가 0 이하로 나타날 경우 경제 활동과 제조 산업의 하락으로 인한 경기 불황을 의미한다. 반대로 이 지수가 0 이상으로 나타날 경우 기업 투자와 소비자 지출의 증대로 인한 경기 팽창을 의미한다. 단칸 제조업지수는 단칸 대기업 제조업지수로도 잘 알려져 있다.

6) 단칸 비제조업지수(Tankan Non-Manufacturing Index)

제조업 분야를 제외한 1,200여 개의 대기업을 상대로 향후 기업 성장 정도를 설문 조사한 경기동향지수이다. 단칸 비제조업지수는 경제 활력의 선행지표로 외환 거래자들 사이에서는 여러 종류의 투자들이 각기 다른 시장 상황에서 어떻게 반응하는가를 살펴보는데 주로 사용된다. 또한 이 지표는 기업의 수익 및 투자와 관련이 높은 판매율과 소비자 지출 정도를 측정하는데 매우 유용하다.

단칸 비제조업지수가 0 이하로 나타날 경우 경제 활동과 비 제조 산업의 하락으로 인한 경기 불황을 의미한다. 반대로 이 지수가 0 이상으로 나타날 경우 기업 투자와 소비자 지출의 증대로 인한 경기 팽창을 의미한다. 단칸 비제조업지수는 단칸 대기업 비제조업지수로도 잘 알려져 있다.

[자료2-33] 단칸지수발표 후 엔화의 15분봉차트

memo

PART 03

캔들의 중요성을
대부분 간과한다

power
note

chapter 01

시장의 추세는
캔들로부터 출발하는 것이다

　시중에 출간된 기술적 분석 관련 서적들을 보면 어김없이 캔들에 대해서 자세히 설명하고 있다. 그러나 대부분의 독자들은 이를 가볍게 여기고 지나치는 경우가 많다. 캔들에 대해서 정확히 알거나 중요하게 생각하는 사람은 거의 없다. 자주보기 때문에 캔들이 갖는 의미에 대해 간과하기 쉽다. 필자 역시 예전에는 크게 다르지 않았다. 캔들을 경시하다 전업 트레이더로서의 초반에 큰 고배를 마셨던 적이 있다.

　제도권 금융기관 재직 중에 시행했던 매매방식과 개인 투자자로서의 매매방식은 천지차이였다. 전업 초기에는 재직 중에 준수하고 있던 매뉴얼 대로 거래를 하였지만 전혀 시장에서 먹히질 않았다. 당연히 그럴 수밖에 없었다. 자금과 정보가 부족하였으며 특히 매매환경이 조직에서와는 달리 매매에만 전념하고 집중 할 수 있는 여건이 되질 못했기 때문이다.

　필자는 큰 손실을 본 뒤 기본부터 다시 시작하기로 다짐하였다. HTS 상의 차트를 출력하여 한적한 시골로 내려갔다. 컴퓨터를 포기하고 오로지 A4용지의 출력물만을 갖고 갔다. 인쇄된 종이의 분량은 어마어마했다. 셀 수 없이 많은 종이를 수 없이 많이 들여다보며 내가 보지 못한 시장의 흐름을 파악해내고자 했다. 그렇게 몇 개월 동안 출력물만을 보면서 공부하고 연구하며 분석하였다. 직접 차트를 그려보려고 모눈종이에 캔들도 수천 번을 그려보았다.

그러던 중 예전에 느끼지 못했던 캔들의 중요성을 새삼 느끼게 되었다. 필자는 캔들 하나하나란 메이저 은행들간의 처절하고 치열한 전쟁 후의 전리품과도 같다는 생각이 들었다. 이러한 캔들이 하나하나 모여서 추세를 이루고 파동을 만들어 가는 것이다. 거래량에 의해 만들어지는 캔들이야말로 우리에게 가장 빠른 시그널을 제공하는 것임을 깨달았다. 이러한 캔들을 기본으로 패턴과 수많은 보조지표들이 만들어지게 되는 것이다. 그만큼 캔들이 갖는 의미는 중요하다고 느낀 것이다. 여러분들도 이제부터는 각각의 캔들의 보여주는 시그널에 주목하며 차트를 다시 볼 수 있도록 해보자.

캔들은 크게 양봉 캔들과 음봉 캔들, 그리고 요주의캔들 이렇게 세 가지로 분류 할 수 있다. 양봉 캔들과 음봉 캔들에서 중요한 것은 종가이다. 종가가 시가를 기준으로 어디에서 마무리 되었지는지에 따라서 캔들은 양봉이 될 수 있고 음봉이 될 수도 있다. 그 다음으로 중요한 것이 시가와 종가의 중심선이다. 진행 중인 캔들이 바로 전 캔들의 시가와 종가의 중심선을 돌파하는지의 여부에 따라서 다음 캔들의 방향을 짐작 할 수 있기 때문이다. 캔들의 꼬리는 그림자라고도 하는데 말 그대로 우리의 눈을 현혹시키는 그림자일 뿐이지 앞으로의 진행에 있어서 중요성과 신뢰성은 떨어진다. 일명 요주의캔들은 60분 캔들 기준으로 꼬리가 몸통보다 1.5배 이상 길었을 때의 캔들에 대한 총칭이다. 이

[자료3-1] 캔들이 형성되는 원리

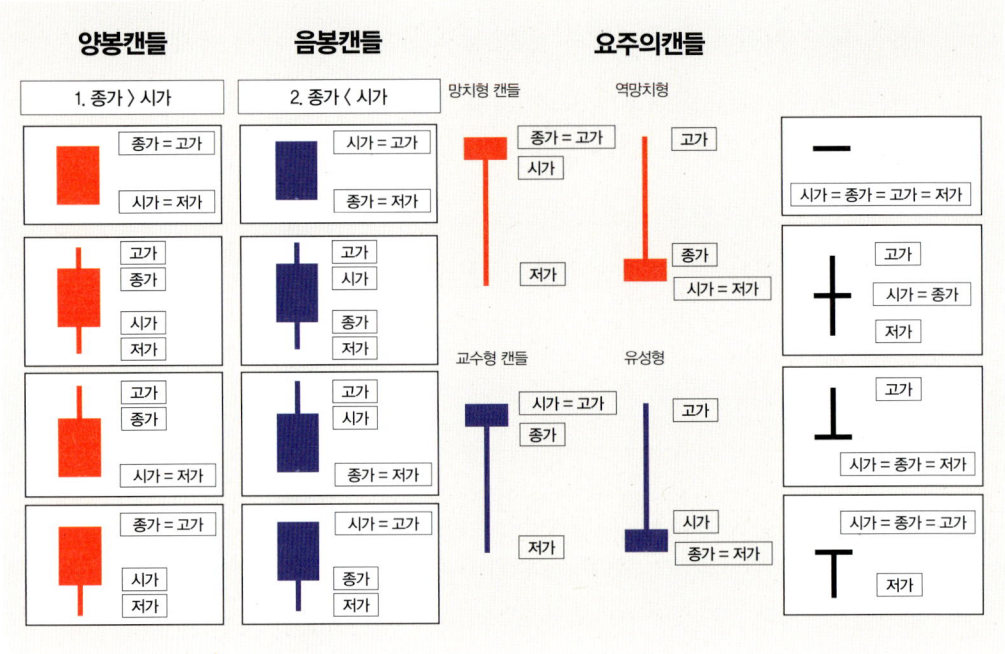

에 속하는 캔들의 유형으로는 도지형, 비석형, 망치형, 역망치형, 교수형, 유성형 등의 여러 가지 캔들의 유형이 있다. 요주의캔들이라는 표현이 다소 생소할 것이다. 물론 각각의 캔들을 세분화할 수 있지만 사실 이러한 캔들은 모두 요주의캔들로 간주한다. 세분화해봐야 복잡하기만 하기에 필자는 이러한 캔들을 요주의캔들로 묶어버렸다. 거래 중에 요주의캔들이 출현하면 관망하는 것이 상책이다. 또한 파동의 끝자락에서 요주의캔들의 출현은 새로운 파동의 시작일 경우가 많다. 따라서 이러한 캔들이 나올 경우는 숨을 잠시 고르고 다음에 어떤 캔들이 나올지를 지켜봐야 한다.

chapter 02
휩소에 당하지 않으려면
캔들의 완성을 주목하라

캔들의 완성이라는 것은 단순히 해당차트에서 봉이 형성되는 것이 아니라 하나의 캔들이 중요한 선을 돌파해서 마무리된 것을 말한다. 60분봉차트의 캔들을 기준으로 어떠한 저항선이나, 지지선, 또는 추세선에서 해당 캔들이 돌파되었는지의 여부는 캔들의 종가(완성봉)로 확인해야 한다.

[자료3-2] 저항선을 상향돌파한 캔들의 완성

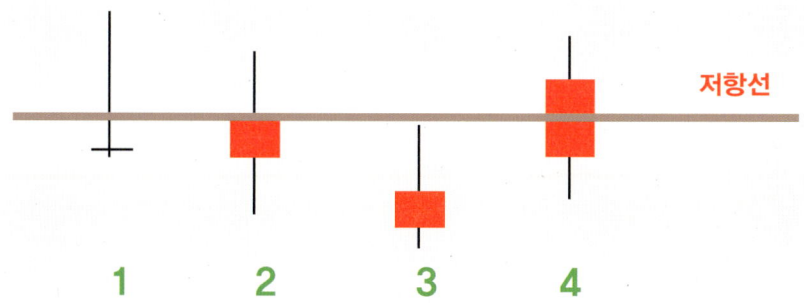

자료에서 어떠한 중요한 저항선을 상향돌파한 양봉은 4번 캔들만이 유일하다. 아무리 고가가 저항선 위를 1, 2번 캔들처럼 돌파하였어도 꼬리가 아닌 몸통으로 돌파 되지 않았다면 저항선 돌파로 인정할 수 없다. 즉 4번 캔들만이 종가가 저항선 위에서 마무리 되었으므로 4번 캔들이 저항선을 상승 돌파한 완성봉인 것이다.

[자료3-3] 지지선을 하향돌파한 캔들의 완성

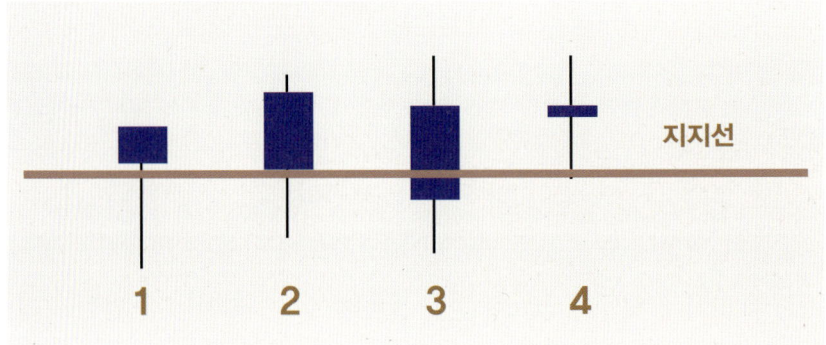

자료에서 어떠한 중요한 지지선이 있을 경우 지지선을 하향돌파한 음봉은 3번 캔들만이 유일하다. 아무리 저가가 지지선 아래를 1, 2번 캔들처럼 돌파하였어도 꼬리가 아닌 몸통으로 돌파되지 않았다면 돌파로 인정할 수 없다. 즉 3번 캔들만이 종가가 지지선 아래에서 마무리 되었으므로, 3번 캔들만이 지지선을 하향 돌파한 완성봉이 된다.

[자료3-4] 캔들의 완성을 이용한 기본적인 매매방식

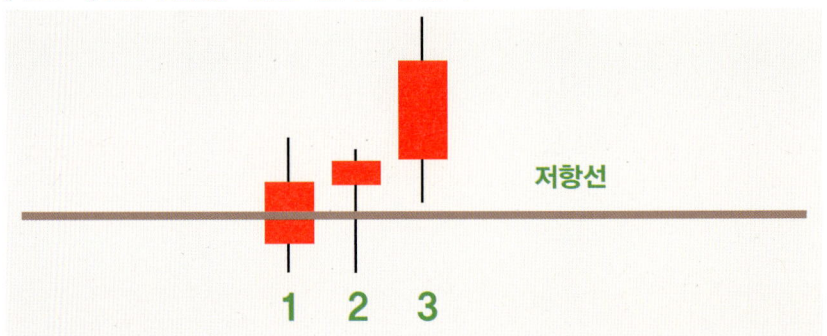

그렇다면 완성봉의 개념을 가지고 어떻게 매매방식에 적용해 볼 수 있을까? 그 방법은 크게 어렵지 않다. [자료3-4]에서 예를 들어 설명하겠다. 1번 캔들이 완성봉이 된 것을 확인 후 2번 캔들에서 조정을 줄 때 저항선 부근에서 매수로 진입한다. 3번 캔들에서는 1번 캔들의 저가 아래가 손절(스탑로스) 라인이 되고, 그 다음 중요한 선까지를 목표가로 정하고 매수 포지션을 홀딩하면 기본적인 수익을 실현할 수 있다.

[자료3-5] 완성봉의 실패

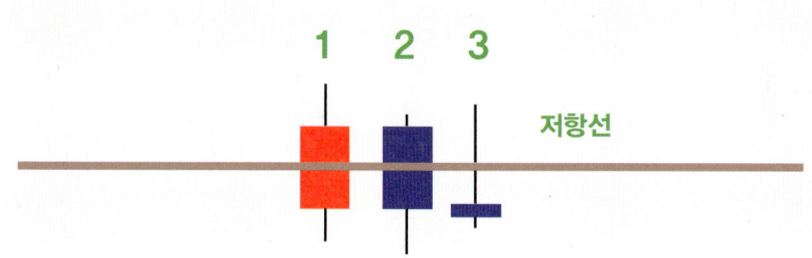

하지만 완성봉이 실패하는 경우도 있으니 주의하자. [자료3-5]처럼 1번 캔들의 완성봉을 확인하고 2번 캔들에서 조정으로 보고 저항선에서 매수 진입하였는데, 2번 캔들이 저항선 아래로 다시 완성봉을 만드는 경우도 있다. 그렇게 되었을 경우에는 3번 캔들에서 저항선 부근까지 조정을 줄 때 손절하고 즉시 빠져나오는 것이 기본원칙이다.

[자료3-6] 유로화의 60분봉 차트에서 기본적인 매매방법 점검

　이제 앞에서 배운 기본적 매매 방법을 적용해 보도록 하자. [자료 3-6]의 차트는 기존의 지지선이 하향돌파 되면서 저항선으로 바뀐 상황으로 저항선 위로 완성봉이 되었으므로 1번 캔들에서 매수로 진입할 수 있다. 그러나 이후에 저항선 아래로 다시 완성봉이 되었기 때문에 2번 캔들에서는 매수 진입 포지션은 손절하고 다시 매도로 진입해야 한다. 이제 캔들의 완성봉 개념은 확실히 파악했을 것이다. 앞에서 완성봉의 여부는 60분봉 차트의 캔들을 기준으로 한다고 말하였다. 특히 추세가 바뀌는 변곡 지점에서는 더욱더 60분봉차트의 캔들을 기준으로 판단해야만 한다.

[자료3-7] 매도포지션 진입 시점(유로화, 30분봉차트)

하지만 추세에 순응하는 방향에서는 30분봉차트나, 15분봉차트에서도 완성봉 여부를 기준으로 진입여부를 판단할 수 있다. [자료 3-7]는 30분봉차트로 단기파동이 하락추세일 때 피보나치선 아래로 완성봉이 된 후 A, B, C지점이 매도시점이 된다.

이처럼 추세와 같은 방향의 포지션 진입은 30분봉차트에서도 완성봉 여부에 따라 진입이 가능하다. 하지만 하락추세에서 30분봉차트의 캔들을 기준으로 위로 완성봉이 되었을 경우 매도포지션을 손절할 수는 있지만 매수로 진입하면 안 된다. 이는 추세방향과 어긋나기 때문이다. 하락추세에서 매수진입을 할 경우라면 다시 60분봉차트의 캔들을 보고 진입여부를 판단해야 한다. 추세의 반전 여부는 최소 60분봉차트에서 판단해야 한다.

[자료3-8] 매수포지션 진입 시점(유로화, 15분봉차트)

　　마찬가지로 15분봉차트에서 단기파동이 상승 추세일 때 피보나치선 위로 완성봉이 된 후 A지점이 매수 지점이며, B지점 또한 피보나치선 위로 완성봉이 된 후 다음 캔들에서 조정 시 매수시점이 된다. 이처럼 15분봉차트의 캔들에서도 추세와 같은 방향의 포지션 진입은 완성봉 여부에 따라 진입이 가능하다.

chapter 03
캔들이 형성하는 패턴을 달달 외워라

이제부터는 캔들을 통해 현재의 추세가 연속적인지, 아니면 현재시점이 추세의 전환인지를 알 수 있는 캔들의 패턴에 대해서 알아보도록 하자. 캔들의 패턴은 추세를 파악하는 가장 기본적인 시그널이다. 캔들의 패턴에 대한 종류와 매매방법에 대해서는 이미 많이 알려져 있다. 그러나 그 종류가 너무 많아서 패턴의 이름조차 외우기도 쉽지 않고 이를 실전 매매에 적용하는 것은 더욱 쉽지가 않다. 신뢰하기에는 의문이 생기는 패턴들 역시 많다. 필자 또한 캔들의 패턴을 가지고 직접 거래에 적용해 보았지만 몇 가지를 제외하고는 그 신뢰수준은 50% 정도에 불과했다. 굳이 머리를 써가며 그 많은 패턴들을 공부할 필요는 없다고 결론 내렸다.

필자의 경험으로 신뢰할 만한 최소한의 패턴과 그에 따른 매매방법을 소개해 보고자 한다. 이 패턴들에 있어서는 매우 중요한 조건이 있다. 60분봉차트 이상의 캔들에서만 적용해야 한다는 것이다. 60분봉차트 이하의 캔들인 30분봉차트, 15분봉차트 등의 캔들에 있어서는 신뢰도가 현저히 떨어진다는 것을 꼭 유념해두자. 만약 신규로 진입할 예정이라면 60분봉차트 이상의 캔들에서만 패턴을 적용하는 것이 실수를 줄일 수 있을 것이다.

또한 시장참가자가 감소하여 거래량이 급격이 떨어지는 새벽 4시~오전 8시(한국시간) 전후에는 캔들의 패턴 자체를 적용하지 않는 것이 좋다. 거래량이 많은 시간에는 메이저 은행들이 인위적으로 시장의 흐름을 만드는 것은 불가능하기에 캔들의 패턴은 신뢰성이 높으나 거래량이 없는 시간대에는 메이저 은행들이 인위적으로 패턴을 만들 수 있기 때문에 신뢰도가 떨어진다는 것이다. 그럼 기존의 많은 패턴들 중에서 신뢰도가 높은 것들을 중심으로 필자의 재해석한 분석을 알아보자.

1) 하락반전형 패턴

① 하락A형 패턴

[자료3-9] 하락A형 패턴의 유형

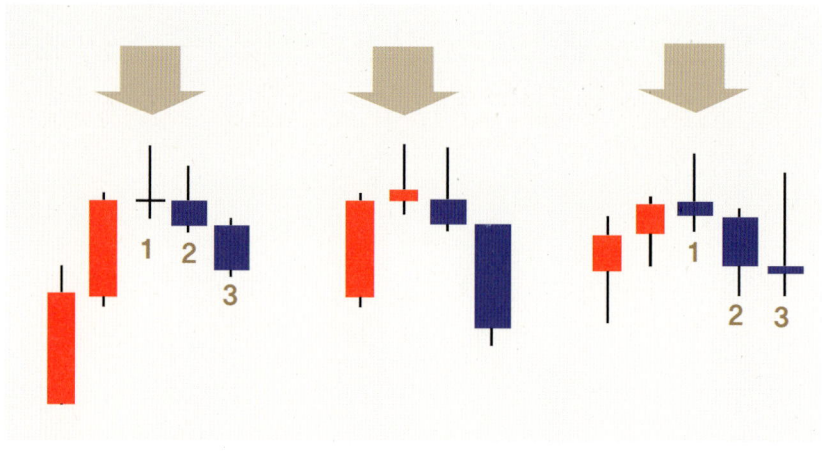

상승추세가 진행하던 중 양봉 이후에 양봉이든 음봉이든 상관없이 요주의캔들이 출현하면 일단 추세반전의 시그널이 나올 가능성이 높다. 이때 꼬리는 위에 있든 아래에 있든 상관없으나 위의 꼬리가 길수록 신뢰도가 더 높다. 어느 정도의 예측은 가능하지만 아직 섣부르게 판단하여서는 안 된다. 요주의캔들이 나타났기에 이 상황에서는 관망하고 기다리는 것이 상책이다. 이후에 2번의 음봉이 출현하면서 1번 캔들의 몸통 아래에서 종가가 이루어졌다면 이 시점부터는 추세의 반전으로 인식하고 전고점보다 10틱 정도 위에 손절을 설정하고 2번 캔들의 시가와 종가의 중심선에서 매도로 진입한다.

[자료3-10] 유로화 60분봉차트에 나타난 하락A형 패턴

[자료3-10]에서 요주의캔들이 생성된 후에 요주의캔들의 몸통보다

아래에서 종가가 마무리된 음봉이 출현했다. 그 후 전고점을 돌파하지 못하고 상승세가 하락 반전된 모습을 볼 수 있다. 이렇듯 하락A형 패턴은 신뢰도가 높은 반전형 패턴이다.

[자료3-11] 유로화의 60분봉차트에서 여러 번 나타난 요주의캔들

[자료3-11]처럼 상단에서 장대 양봉이 나와서 매수세가 강해 보이지만 두 개의 요주의캔들이 출현 후 세 번째 캔들이 마지막 요주의캔들의 몸통 아래에서 마무리되는 음봉이 되었다. 두 개의 요주의캔들 이후 하락반전 하는 모습이다. 이와 같이 요주의캔들이 여러 개 나와도 차트의 방향성과는 상관이 없다.

② 하락B형 패턴

[자료3-12] 하락B형 패턴의 유형

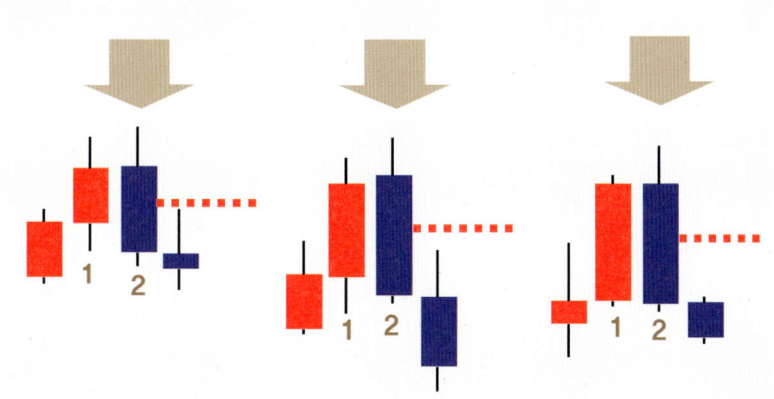

　상승추세가 진행되던 중 1번 양봉 캔들의 시가 아래에서 종가를 이루는 2번의 강한 음봉이 출현하였다면 추세의 반전으로 인식할 수 있다. 그렇다면 2번 캔들의 시가와 종가의 중심선 부근에서 전고점보다 10틱 정도 위가 손절라인이 되면서 매도로 진입할 수 있다. 이때 1번 캔들의 윗꼬리가 길수록 신뢰도는 높아진다. 실전차트를 보면서 패턴을 익혀보자.

[자료3-13] 유로화 60분봉차트에 나타난 하락B형 패턴 ①

요주의캔들이 3개가 나타난 후 마지막 요주의캔들의 시가 아래에서 종가를 이루는 음봉이 출현 후 추세가 반전되었다. 요주의캔들을 장악하는 강한 음봉의 출현으로 추세는 반전된다.

[자료3-14] 유로화 60분봉차트에 나타난 하락B형 패턴 ②

양봉의 몸통을 완전히 장악하는 음봉이 출현 후 추세가 하락으로 전환했다. 이때 음봉의 몸통 길이가 길수록 신뢰도가 높다. 앞에서 언급했듯 하락A형과 하락B형 이외에도 많은 하락반전의 패턴이 있다. 하지만 그 신뢰도가 떨어지므로 이 두 가지 유형만 우리가 정확히 이해하고 알고 있으면 매매하는데 큰 무리가 없을 것이다. 또한 실제로 이러한 유형이 가장 강력한 하락반전 패턴이다.

2) 상승반전형 패턴

① 상승A형 패턴

[자료3-15] 상승A형 패턴의 유형

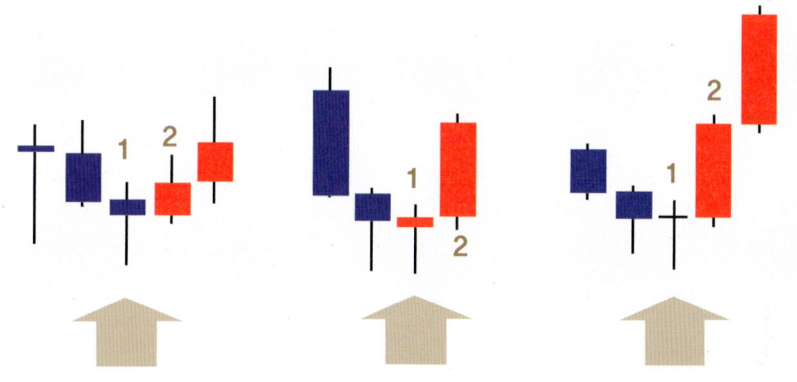

하락추세가 진행되던 중 음봉 이후에 양봉이든 음봉이든 상관없이 1번 캔들과 같은 요주의캔들이 출현하면, 일단 추세반전이 될 가능성이 높다. 이는 하락반전 패턴과 거의 흡사하다. 이때 꼬리 여부는 상관없으나 아래 꼬리가 길수록 신뢰도가 더 높다. 이 상황에서 관망하고 기다린 이후에 2번과 같은 양봉이 출현하면서 직전 1번 캔들의 몸통 위에서 종가를 이루었다면, 이 시점부터는 추세의 반전으로 인식하고 전저점보다 10틱 아래 정도에 손절라인을 설정하고 2번 캔들의 시가와 종가의 중심선에서 매수로 진입한다.

[자료3-16] 유로화 60분봉차트에 나타난 상승A형 패턴

[자료3-16]의 A, B구간처럼 음봉 이후 요주의캔들이 출현하고 이후 요주의캔들 몸통 위에서 종가가 형성된 양봉이 출현하였다. 전저점이 깨지지 않는 한 강한 상승추세로 전환이 되었다.

memo

[자료3-17] 유로화의 60분봉차트에서 여러 번 나타난 요주의캔들

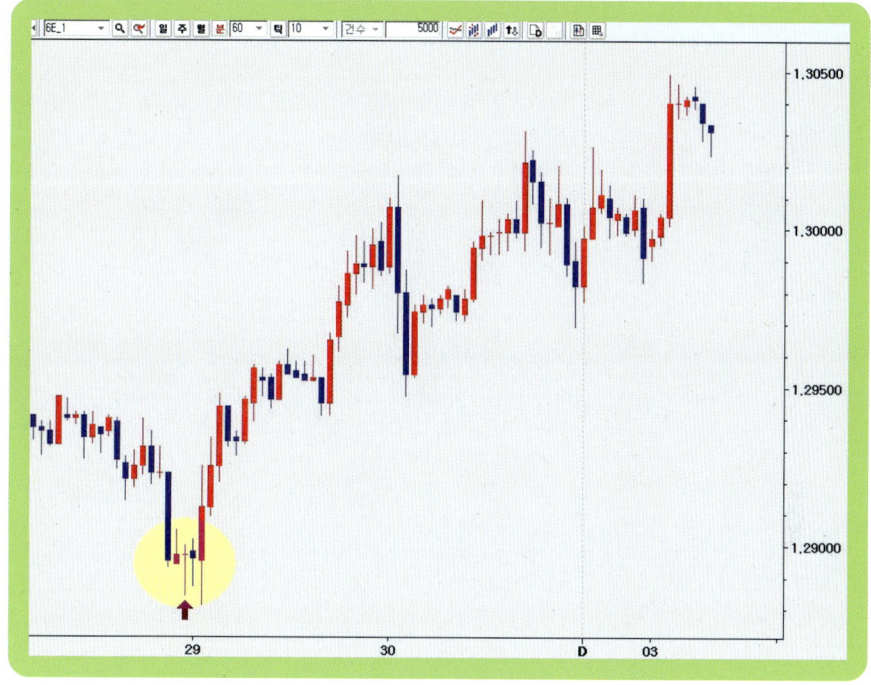

음봉 이후 요주의캔들이 3개가 나타난 후 요주의캔들의 몸통 위에서 종가가 형성된 양봉이 출현하면서 상승추세로 전환되었다. 이처럼 요주의캔들이 여러 개 출현되어도 상관은 없다.

memo

② 상승B형 패턴

[자료3-18] 상승B형 패턴의 유형

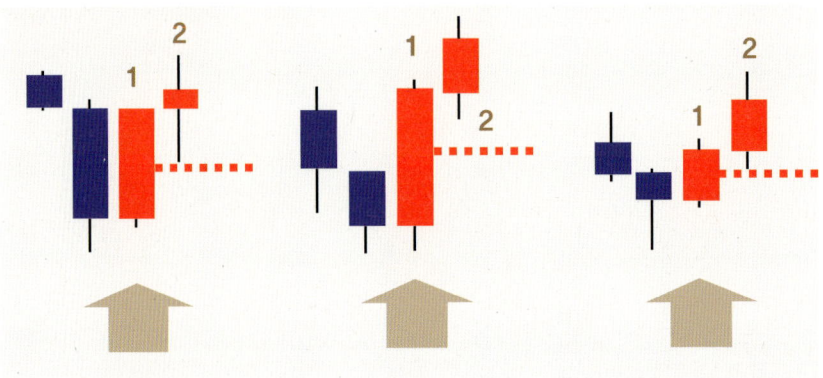

하락추세 중 음봉 이후에 바로 직전 음봉의 시가 위에서 종가를 형성하는 1번의 양봉이 출현하면 추세의 반전으로 인식하고 이 시점부터는 전저점보다 10틱 아래 정도에 손절라인을 설정하고 1번 캔들의 시가와 종가의 중심선에서 매수로 진입한다.

[자료3-19] 유로화 60분봉차트에 나타난 상승B형 패턴①

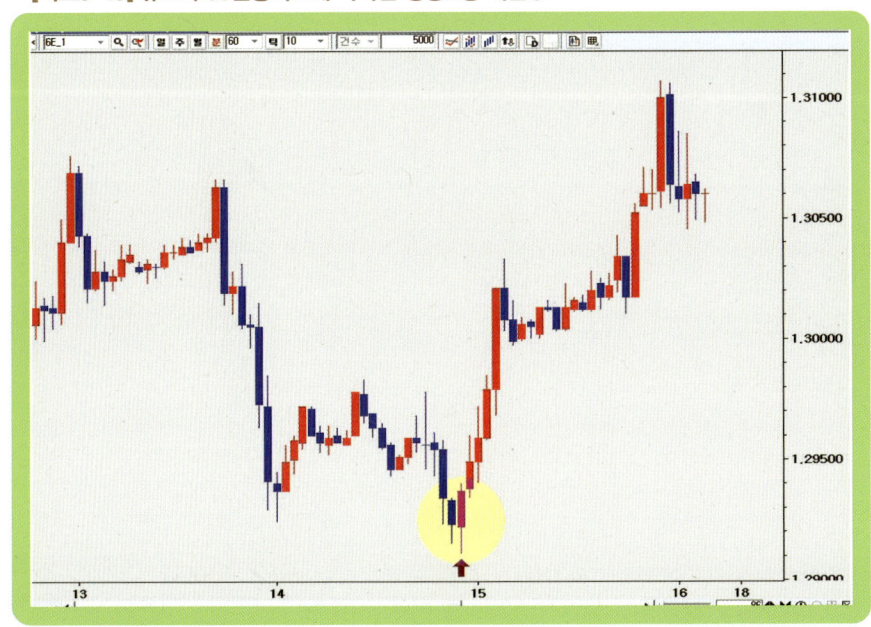

차트는 2중 바닥의 패턴을 보인 후 음봉 이후에 음봉의 몸통을 완전히 장악하는 양봉이 나온 뒤 추세의 전환이 발생하였다.

[자료3-20] 유로화 60분봉차트에 나타난 상승B형 패턴②

차는 음봉 이후에 음봉의 몸통을 완전히 장악하는 양봉이 나오고 양봉의 시가와 종가의 중심선에서 지지를 받으면서 추세의 전환이 발생하였다.

지금까지 하락반전형 패턴 A, B와 상승 반전형 패턴 A, B를 살펴보았다. 패턴의 종류가 이거 밖에 안 되냐는 질문을 할 수 있다. 다양한 패턴들을 파악하여 실전에 적용하는 것도 좋은 일이겠지만, 신뢰도가 높은 핵심적인 패턴들을 갖고 간단명료하게 매매에 임하는 것이 수익률을 더욱 높일 수 있는 방법이 될 것이다. 그리고 성공확률을 높힘으로써 심리적인 안정감도 꾀할 수 있다. 매매의 고수는 다양한 지식과 방법을 구사하는 것이 아니라 단순한 매매 방법을 최대한 효율적으로 활용하는 자이다.

memo

PART 04

추세의 종류에 따라
매매방법은 달라져야 한다

power
note

chapter 01
나만의 추세 파악법을 정립하자

'추세를 잘 타라'고 한다. 장사만 하면 폐업신고를 하는 지인이 있다. 빚까지 지며 차린 가게는 권리금도 받지 못한 채 나오기를 여러 번이다. 왜 자신에게만 운이 없는지 모르겠다는 그 사람의 문제는 추세에 민감하지 못하다는 것이다. 이미 남들이 재미보고 빠지는 업종의 후발주자가 돼 봐야 손에 남는 것은 아무것도 없다. 시장의 흐름은 빠르게 변하고 있고 우리는 더 발 빠르게 추세에 편승해야 한다.

추세(趨勢)란 어떠한 현상이 일정한 방향으로 나아가는 경향을 뜻한다. 즉 캔들이 어느 기간 동안 일정한 방향의 흐름을 갖고 진행된다는 것이다. [자료4-1]과 같이 추세에는 상승추세와 하락추세, 그리고 우리가 흔히 알고 있는 박스권이라는 비추세로 나누어진다.

[자료4-1] 추세의 종류

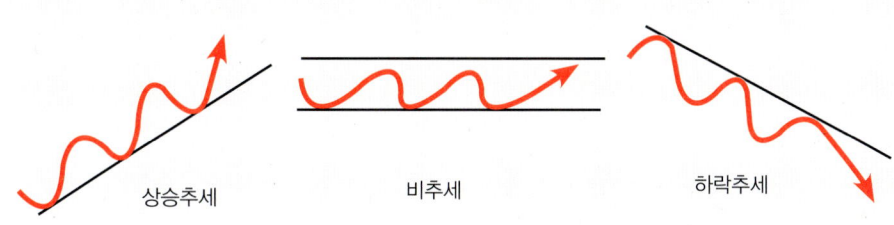

기술적 분석에서 추세는 매우 중요한 부분이다. 이러한 추세를 활용하여 그리는 선을 '추세선'이라고 한다. 상승추세에서 추세선은 지지역할을 하며 하락추세에서의 추세선은 저항역할을 하게 된다. 또한 추세선 하나만 있는 경우보다는 추세선에 접한 자리에 이동평균선이나, 피보나치선, 또는 일목균형표의 기준선이 동시에 접할 경우 더욱더 강력한 지지, 저항선 역할을 하게 된다. 하지만 강한추세도 언젠가는 꺾이기 마련이다. 그러므로 추세선을 터치하였다고 당연히 지지나 저항을 받을 거라 생각하고 섣불리 진행 중인 추세방향으로 진입하는 것은 올바른 매매법이 아니다. 추세가 꺾이면서 추세의 급반전이 생길 경우 기존의 추세선이 힘없이 무너지면서 큰 손실을 보는 경우가 많다.

[자료4-2] 추세선이 무너지는 경우

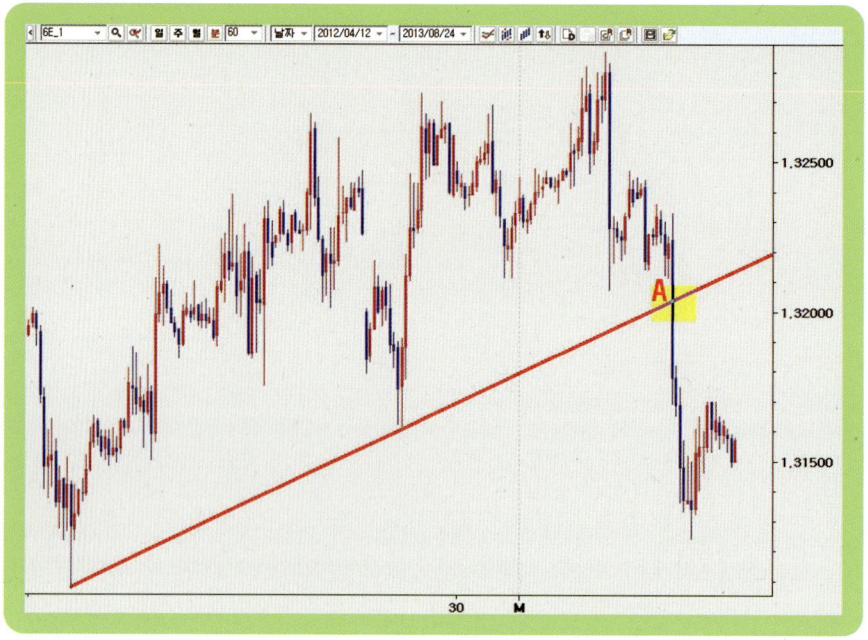

　[자료4-2]의 차트처럼 만약 상승추세선에 접한 A지점에서 매수로 진입했다면 큰 손실이 발생하였을 것이다. 따라서 각 추세가 파동의 마지막 지점인지 아니면 시작지점인지를 살펴볼 수 있는 안목을 길러야 한다. 이제부터는 추세선 그리는 방법과 추세선을 이용한 매매법에 대해서 자세히 알아보도록 하겠다.

memo

chapter 02
상승 추세를 활용한 매매방법을 살펴보자

[자료4-3] 저점과 저점을 연결한 상승추세선

[자료4-3]의 차트처럼 고점이 이전 고점보다 높아지면서 신고점이

형성되고, 저점이 이전 저점보다 높아지면서 상승추세가 형성 된다. 이러한 경우에 저점과 저점을 연결한 선이 상승추세선이 되면서 지지선 역할을 하게 된다.

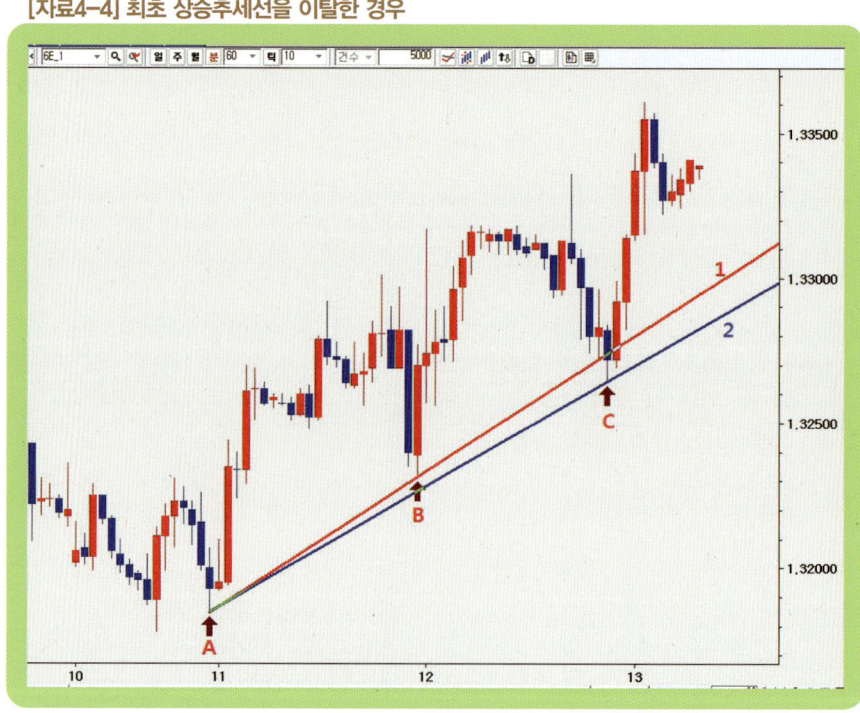

[자료4-4] 최초 상승추세선을 이탈한 경우

상승추세선은 A의 저점과 B의 저점을 연결하여 1번의 상승추세선(빨간색)을 그린다. 하지만 이후에 C의 저점이 1번의 추세선을 이탈 후에 다시 1번의 상승추세선 안으로 회귀하면, 기존의 1번 상승추세선은 A의 저점과 C의 저점으로 연결된 2번의 상승추세선(파란색)으로 수정해야 된다.

이처럼 추세선은 그 각도를 변형하면서 진행하게 된다. 여기서 초보 트레이더들은 1번의 추세선만 보고 C지점에서 1번 추세선의 하향 돌파(붕괴)로 인식하고 매도로 진입하였다가 손실이 발생하는 경우가 많다. 또한 반대로 1번의 추세선을 터치할 때 매수로 진입하였다가 C지점에서 1번의 추세선이 하향 돌파 될 때 추세의 붕괴로 잘못 판단하고 손절을 하는 경우도 있다.

그렇다면 상승 추세에서 추세의 붕괴와 추세의 지지여부를 어떻게 판단해야 할까? 트레이더마다 판단기준은 다르다. 하지만 필자는 그동안의 경험과 분석으로 쉽고 신뢰도가 높은 추세선 지지여부 방식을 알려주고자 한다. 바로 피보나치를 이용한 매매방식이다. 추세선은 사선이기 때문에 완성봉 여부를 판단하기 어렵다. 그래서 피보나치와 접목, 수평선으로 전환하여 완성봉 여부를 관찰함으로써 추세선의 지지여부를 판단하는 방식이다.

memo

[자료4-5] 상승추세선과 피보나치선의 접목

　[자료4-5] 차트에서의 상승추세선의 지지여부 판단은 단기파동인 직전 저점 B와 직전 고점인 C와의 피보나치선을 그리면 추세선과 접한 선이 피보나치의 38.2%선(2번선)이라는 것을 알 수 있다. 여기서 2번선이 기준선이 되며 이 기준선을 지지 받고 기준선 위의 선인 피보나치의 50%선(1번선) 위로 완성봉이 이루어졌으므로 상승추세선이 유지되는 것으로 판단한다.

　이때 거래는 피보나치의 50%선(1번선)에서 매수로 진입한다. 또한 기존의 A-B의 상승추세선은 A-D로 변경하여야 된다. 만약 2번선에서 지지를 받지 못하고 기준선 아래인 피보나치 23.6%선(3번선) 아래로 완성봉이 형성되었다면 지지의 붕괴로 판단하고 매도로 진입하여야 한다.

[자료4-6] 상승추세선과 피보나치의 동시 붕괴

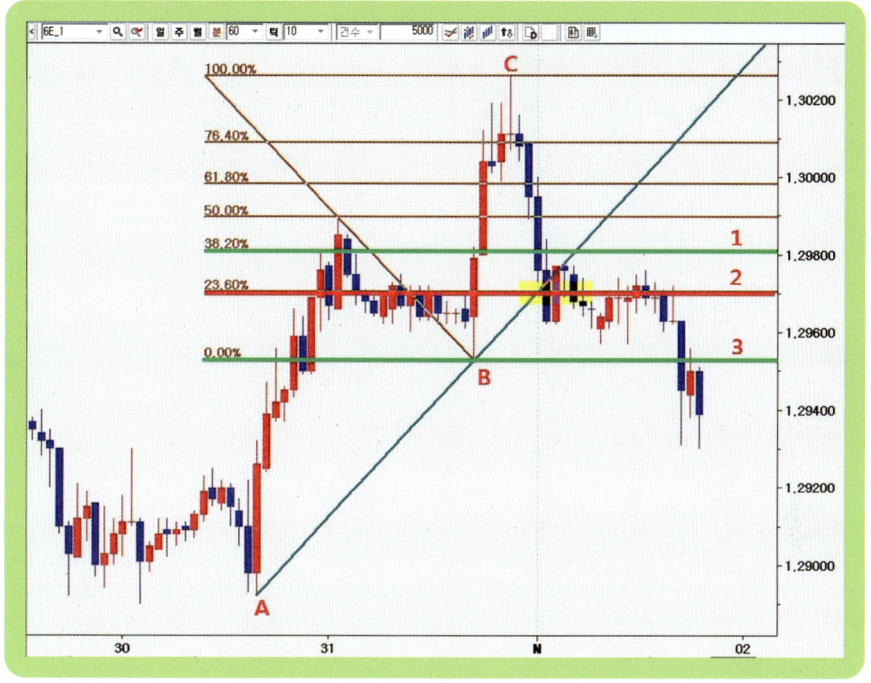

[자료4-6]의 차트를 살펴보면 A-B의 상승추세선과 직전 저점 B와 직전 고점 C와의 피보나치선을 그리면 추세선과 접한선이 피보나치의 23.6%선(2번선)이라는 것을 알 수 있다. 여기서 2번선은 기준선이 된다. 2번선 아래의 피보나치선 0%(3번선)이면서 전저점 아래로 캔들이 완성봉이 이루어졌으므로 상승추세선의 붕괴로 인식하고 피보나치의 0%선(3번선)에서 매도로 진입한다. 만약 기준선 위의 선인 피보나치 38.2%선(1번선) 위로 완성봉이 되었다면 상승추세의 지속으로 판단하고 매수로 대응해야 한다.

chapter 03
하락추세에서도
같은 논리를 적용시킨다

[자료4-7] 고점과 고점을 연결한 하락추세선

저점이 이전 저점보다 낮아지면서 신저점이 형성되고 고점이 이전

고점보다 낮아지면서 하락추세가 형성이 되는데 이러한 경우에 고점과 고점을 연결한 선이 하락추세선이 되면서 저항선 역할을 하게 된다.

[자료4-8] 최초 하락추세선을 이탈한 경우

[자료4-8] 차트의 하락추세선은 A의 고점과 B의 고점을 연결하여 1번의 하락추세선(빨간색)을 그린다. 하지만 이후에 C의 고점이 1번의 하락추세를 이탈 후에 다시 1번의 하락추세선 안으로 회귀하면 기존의 1번이라는 하락추세선은 A의 고점과 C의 고점으로 연결된 2번의 하락추세선(초록색)으로 수정해야 된다. 추세선을 수정한 이후에 D에서 저항 받는 모습을 확인 할 수 있다.

[자료4-9] 하락추세선과 피보나치선의 접목

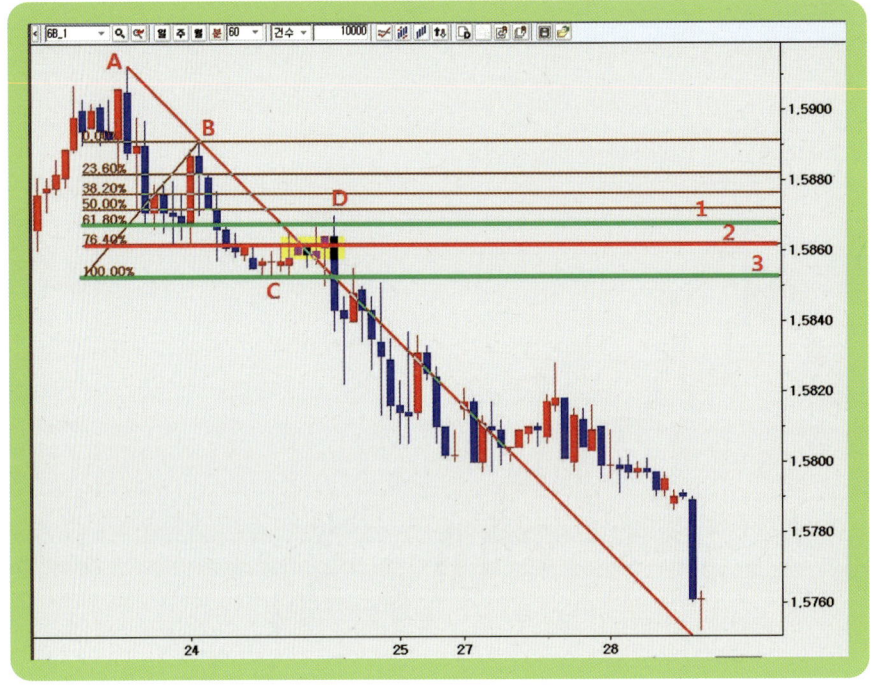

하락추세선의 저항여부는 단기파동인 직전 고점 B와 직전 저점인 C 와의 피보나치선을 그리면 추세선과 접한 선이 피보나치의 76.4%선(2 번선)이라는 것을 알 수 있다. 여기서 2번선이 기준선이 되며 기준선 아래선인 피보나치의 100%선(3번선)이면서 전저점 아래로 완성봉이 형성되므로 하락추세가 유지되는 것으로 본다.

이때 피보나치의 100%선(3번선)에서 매도로 진입한다. 또한 기존의 A-B의 하락추세선은 A-D로 변경하여야 된다. 만약 기준선 위인 피보나치 61.8%선(1번선) 위로 완성봉이 형성되었다면 하락추세의 붕괴로 판단하고 매수로 진입하여야 한다.

[자료4-10] 하락추세선과 피보나치의 동시 돌파

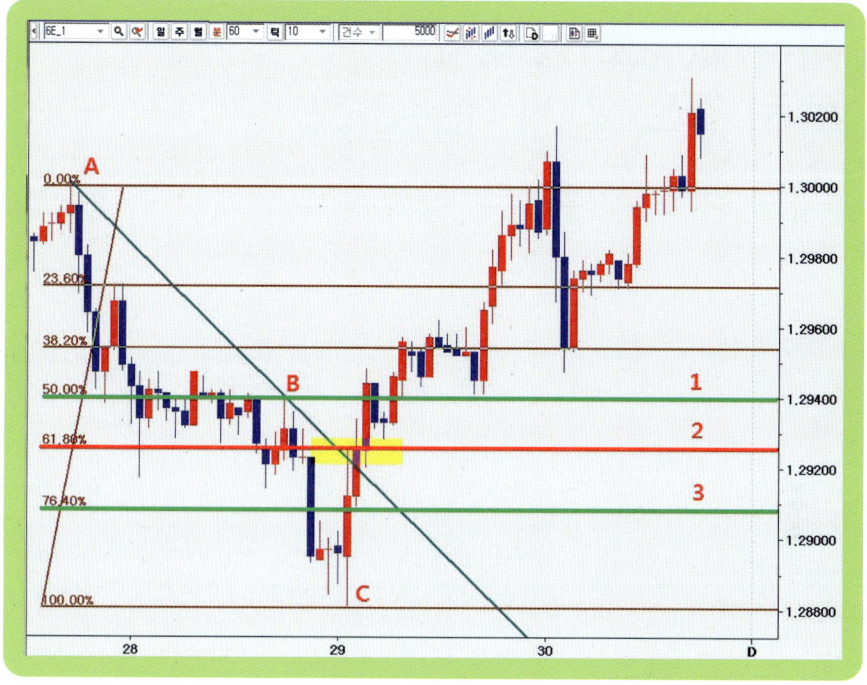

　A-B의 하락추세선과 직전 고점 A와 직전 저점 C와의 피보나치선을 그리면 추세선과 접한 선이 피보나치의 61.8%선(2번선)이라는 것을 알 수 있다. 여기서도 2번선이 기준선이 되며 2번선 위의 피보나치선 50%선(1번선) 위로 완성봉이 형성되었으므로 하락추세의 붕괴로 인식하고 피보나치선 50%선(1번선)에서 매수로 진입하면 된다. 만약 기준선 아래의 선인 피보나치76.4%선(1번선) 아래로 완성봉이 형성되었다면 하락추세의 지속으로 판단하고 매도로 대응해야 한다.

chapter 04

비추세(횡보)장에서는
특히 주의 깊게 대응하라

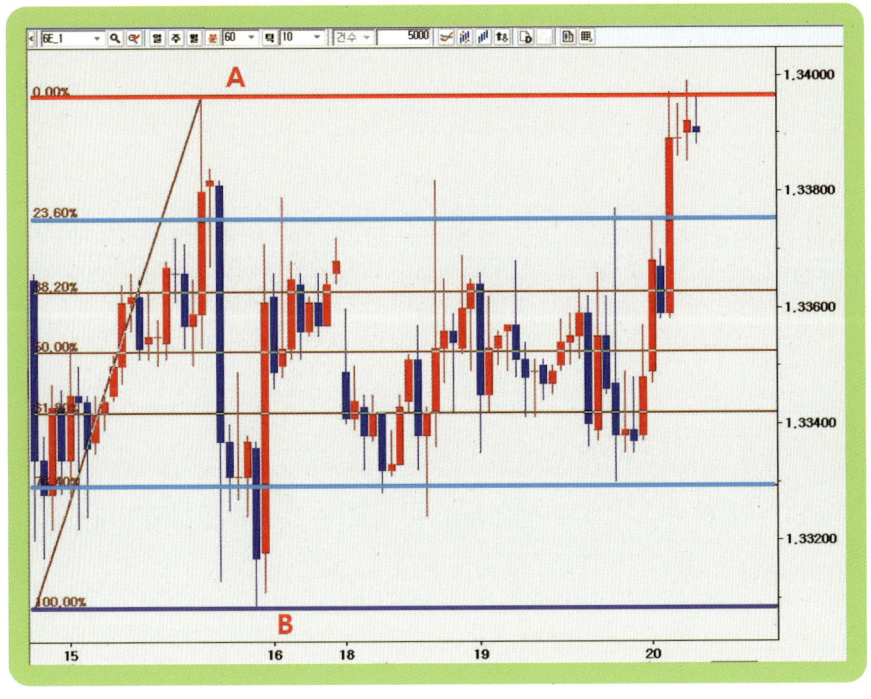

[자료4-11] 비추세장에서의 상·하한선과 피보나치

비추세(횡보)장은 추세가 전혀 없는 장이며 일반적으로 박스권이라고도 불린다. [자료4-11]의 차트처럼 캔들이 일정 상한선(A)과 하한선(B) 사이의 가격 안에서 오르내리며 그 상한선과 하한선을 깨지 못하는 경우이다. 매수 세력과 매도 세력의 힘이 비슷하거나, 급등이나 급락 이후 가격 조정이나, 기간 조정 때 많이 나타난다.

박스권 안에서의 매매방식은 고점과 저점간의 피보나치선을 계산하여 23.6%선에서 매도 진입하며 상한선(A) 위로 10틱 정도에 손절라인을 설정하고, 위로 완성봉 되면 손절한다. 또 76.4%선에서 매수 진입하며 하한선(B) 아래로 10틱 정도에 손절을 설정하고, 아래로 완성봉 되면 컷하는 방법을 구사하면 된다. 하지만 박스권 이후에는 큰 변동성이 있는 경우가 많으니 신중을 기해서 거래해야 한다.

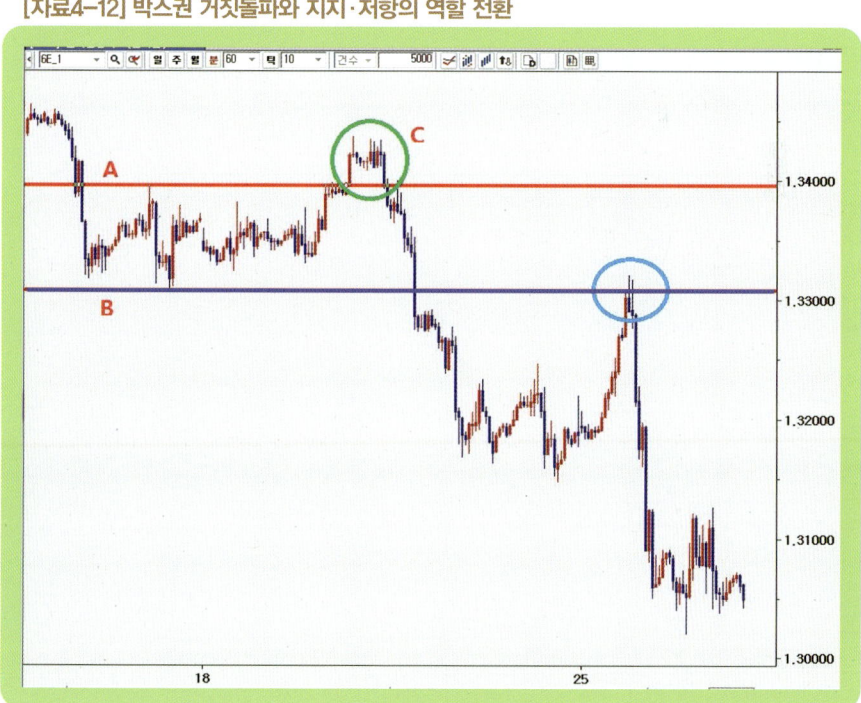

[자료4-12] 박스권 거짓돌파와 지지·저항의 역할 전환

[자료4-12]의 차트는 [자료4-11]의 박스권 이후의 차트의 모습이다. 박스권에서 종종 나타나는 현상 중에 거짓 돌파라는 것을 [자료4-12]에서 아주 잘 보여주고 있다. A-B의 박스권에서 캔들이 움직이다가 C처럼 A선 위를 살짝 돌파하는듯 하다가 이내 박스권 안으로 회귀한 후 박스권 하단인 B를 하향돌파하며 급락하는 모습이다. 이러한 거짓돌파가 나왔을 경우 박스권의 상·하한선이 지지·저항 역할이 바뀌게 된다. [자료4-12]의 차트처럼 박스권 하단인 B가 지지선에서 저항선으로 바뀌면서 매도진입하기에 아주 좋은 포인트가 된다.

memo

PART 05

NS ZONE의
원리와 매매

power note

chapter 01

비법을 찾지 말고
기본에 충실하라

중국 무협영화가 한창 유행이던 때가 있었다. 스토리의 대부분은 부모의 원수를 갚기 위해 무림고수를 찾아가는 주인공의 이야기로 시작한다. 어찌된 일인지 스승은 무술은 가르쳐주지 않고 제자에게 매일매일 물을 긷고 고된 노동만 시킨다. 처음에는 그런 스승이 원망스럽지만 어린 제자는 서서히 스승의 깊은 뜻을 이해하고 스승을 능가하는 고수가 된다. 위의 글을 통해서 필자가 말하고자 하는 바를 여러분들은 대략 눈치챘을 것이다.

바로 기본에 충실하라는 것이다. 원수를 갚으려면 검이든 활이든 아니면 주먹이든 기초체력이 중요하다. 또한 기본 합을 겨룰 줄 모르면서 권법을 통달해 원수를 갚겠다는 것은 어불성설이다. 그래서 스승들은 늘 제자들에게 강조하게 된다. 기본기를 잘 닦으라고. 하지만 모두들 알지만 누구나 터득하지 못하는 것이 바로 기본기의 습득이다.

파생의 길도 마찬가지다. 기본을 쌓지 않은 상태에서 차트의 일면만 보고 혹은 누군가의 비법만을 믿고 거래에 임한다면 여러분은 내 돈을 앗아갈 수많은 적들만 만들게 될 것이다. NS(남한산성)존은 기본이 곧 진리라는 것을 보여주는 매매방법이다. 이제부터는 NS존이 만들어진 원리와 이를 이용해서 매매하는 방법을 살펴보겠다.

memo

chapter 02
1시간의 공백으로 NS홀이 생성된다

국제외환시장은 월요일부터 금요일까지 24시간 풀(full)로 진행된다. 하지만 CME의 해외통화선물은 썸머타임 적용 시 한국시간으로 오전 6

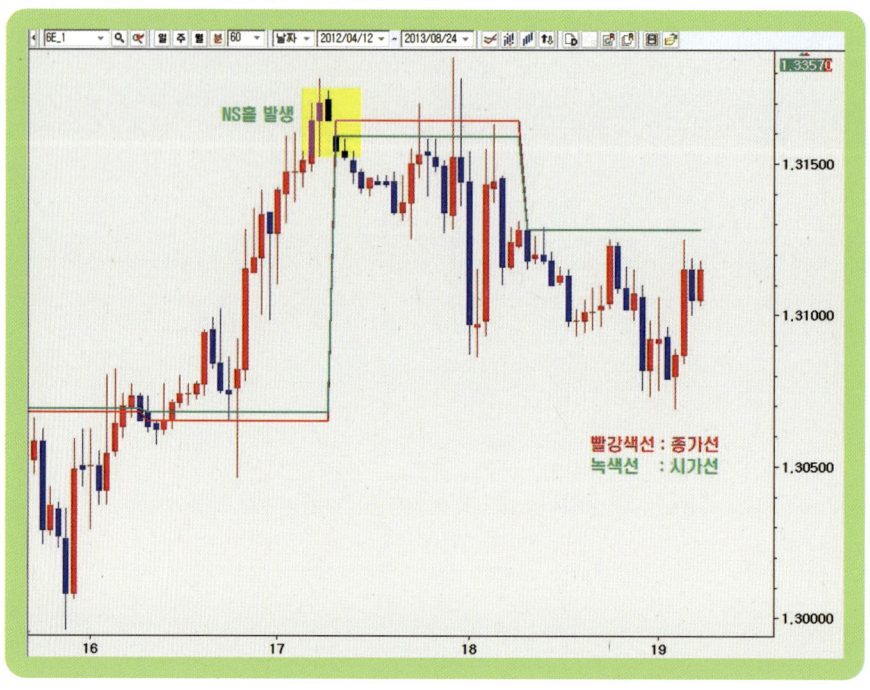

[자료5-1] 유로화 60분봉차트에 나타난 NS홀

시에 폐장하여 오전 7시에 개장을 하는데 이 1시간의 공백이 일명 'NS홀 시간대'다. NS홀 시간대는 저자의 필명인 [남한산성]의 약자에서 이름 지은 용어이다. 즉, 갭이 발생되는 것인데 이 갭은 90% 이상 채워진다.

[자료5-1]의 차트에서 전일종가선과 당일시가선의 차이인 NS홀이 발생되었고, 유럽 외환시장이 시작되면서 NS홀을 채운 뒤 하락하는 모습이다.

[자료5-2] 모든 NS홀을 채우는 모습

역시 NS홀이 발생되었고, 이후에 모두 NS홀을 채우는 모습이다.

[자료5-3] 당일이 아닌 익일에 채우는 NS홀

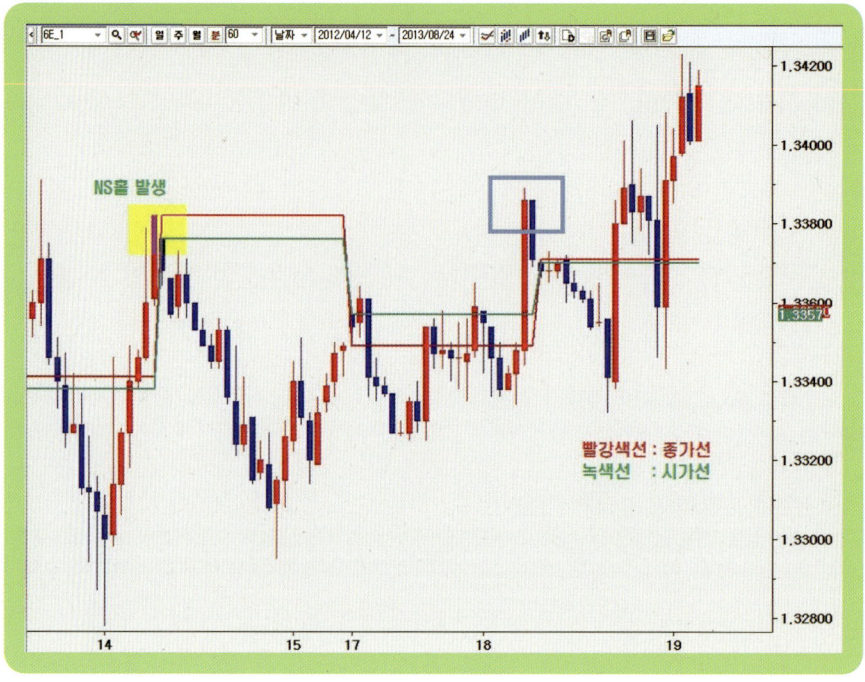

차트에서 NS홀이 발생하였고 당일 채우지 못했지만 다음날 NS홀을 채우는 모습이다. 당일에 NS홀을 채우는 경우가 대부분이지만 [자료 5-3]의 차트처럼 다음날 채우는 경우도 있다.

memo

【참고】

CME
(Chicago Mercantile Exchange)

시카고상업거래소로 원래 1874년에 설립된 시카고농산물거래소에서 유래하였다.

초기에는 거래상품이 농산물에 국한되었으나, 1960년대에 들어와서 기존의 저장식품에서 비저장 가공식품으로 거래상품을 확대시킴으로써 냉동 돈육, 생우, 생돈 등이 거래되었다. 1972년 5월에 부속기관으로 국제자금시장(International Monetary Market : IMM)이 개설되면서 7개 외국통화(영국 파운드, 독일 마르크, 프랑스 프랑, 캐나다 달러, 일본 엔, 멕시코 페소, 네덜란드 길더)에 대한 통화선물의 거래를 시작하였다. 1982년 4월에 지수옵션시장을 개설하여 S&P 500 주가지수선물을 거래하였다. 시카고상업거래소는 세계 2위의 선물거래소로써 주요 거래상품으로는 유로달러, S&P 500 주가지수선물 등이 있다.

【참고】

국가별 썸머타임 기간

· **미국** : 매년 3월 둘째주 일요일 ~ 11월 첫째주 일요일
· **유럽** : 매년 3월 마지막주 일요일 ~ 10월 마지막주 일요일

chapter 03
NS ZONE의 한 축은 시가(始價)이다

외국에서 자동매매프로그램(EA) 대회를 개최한 적이 있었는데 아주 복잡하고 섬세하게 만든 EA(Expert Advisor)프로그램들을 제치고 단순하게 시가선만을 응용하여 만든 EA가 1등을 한 사례가 있다.

시가는 매일매일 다르므로 대수롭지 않게 생각하는 경우가 많다. 하지만 당일의 시가(시작가)는 아주 중요하다. 그날의 일봉차트상 캔들을 양봉으로 만들지, 음봉으로 만들지를 결정하는 선이기 때문이다. 이를 토대로 시가선 위에서는 매수, 시가선 아래에서는 매도 우위를 두어 거래방향의 큰 맥을 잡을 수 있게 된다.

[자료5-4] 유로화 60분봉차트에 그려지는 시가선

 차트의 초록색선이 일봉차트의 시가선이다. A에서는 12일 미국장이 시작되면서 1시간 캔들이 시가 위에서 종가를 만든 후 시가에서 지지를 받고 다음날 동경장까지 상승세를 이어가는 것을 확인할 수 있다. B에서는 13일 유럽장이 시작되면서 1시간 캔들이 시가 아래에서 종가를 만든 후 하락하는 모습이다. C에서는 14일 동경장이 열리면서 1시간 캔들이 시가 아래에서 종가를 만든 후 당일 미국장 초반까지 하락하는 모습을 보이고 있다.

 만약 14일 동경장인 C에서 거래를 한다고 하자. 이 때 1시간 캔들이 시가 아래에서 종가로 끝난 것을 확인하고 다음 캔들에서 조정을 줄 때 시가에서 매도로 진입한다면 최소 50틱의 수익이 발생하게 된다. 이렇듯 시가선은 당일의 매수와 매도의 방향을 확실하게 제시하여 준다는 것을 알 수 있다.

chapter 04

NS ZONE의 또 다른 축은
중심선이다

앞에서 시가의 중요성에 대해 설명하였듯이 캔들의 중심선 또한 중요하게 다뤄져야 하는 정보이다. 일중 중심선이란 전일 고가와 저가의 50%선을 말한다. 다르게 표현하자면 일봉차트상 캔들의 고가와 저가의 중심선이다. 예를 들어 전일고가가 1.2940이였고 저가가 1.2850이였다면 당일의 중심선은 1.2895가 된다.

$$\frac{1.2940 + 1.2850}{2} = 1.2895$$

중심선 매매는 추세추종 매매 중 하나이다. 중심선 위에서는 매수 관점이며, 중심선 아래에서는 매도 관점으로 보면 된다. 단순하게 여타 보조지표들을 모두 무시하고 중심선 하나만 보고도 충분히 거래를 할 수 있다. 머리 아프게 여러 개의 모니터에 꽉찬 보조지표와 시황들을 보지 않고도 거래가 가능하다는 사실은 굉장히 매력적이다. 단, 하루에 진입타임이 많지가 않다는 단점이 있다. 하지만 거래횟수가 중요한 것은 아니다. 중요한 것은 정확한 방향성을 잡아내는 것이다. 그래서 중심선이 중요하다.

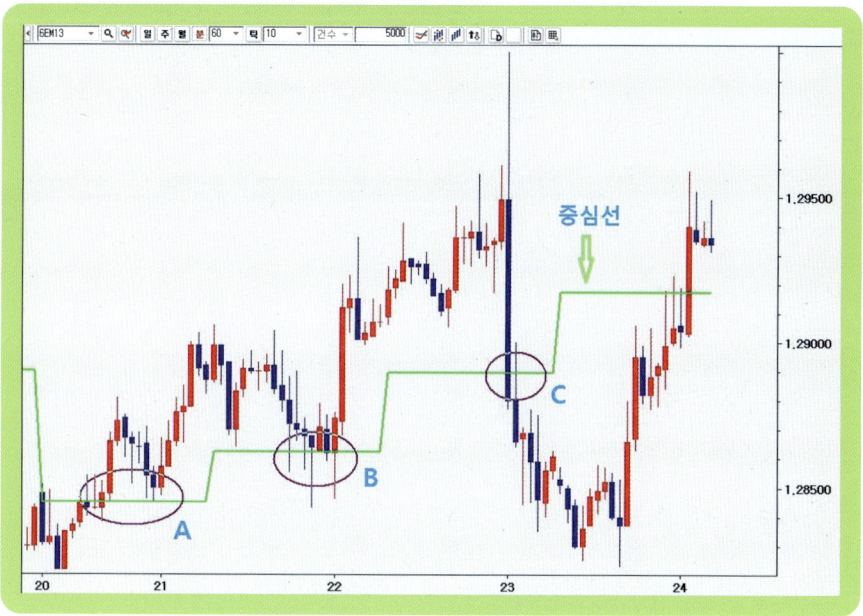

[자료5-5] 중심선이 표시된 유로화의 60분봉차트

차트의 초록색이 중심선이다. A에서는 1시간 캔들이 중심선 위에서 종가로 끝난 후 중심선이 지지선이 되어 상승하는 것을 볼 수 있다. 가장 안정적인 형태의 모습이다. 그렇다고 항상 같은 패턴의 모습을 보이는 것은 아니다. B에서는 중심선이 지지선 역할을 하고 있으며, C에서는 긴 1시간 캔들의 음봉이 중심선 아래에서 종가로 마무리되자 다음 캔들에서 중심선까지 조정을 주고 하락을 이어갔다. 다양한 형태이지만 모두 중심선을 기준으로 강한 지지와 저항 역할을 하고 있다. 이를 바탕으로 적절한 거래시점을 찾을 수 있게 된다.

chapter 05
NS ZONE은 구름대보다 훌륭한 보조지표이다

'NSZONE'은 저자의 필명 [남한산성]의 약자에서 이름 지은 용어이다. 저자는 시가선과 중심선을 아주 중요하게 생각한다. 그래서 그날 처음 차트를 열 때 전일의 이 두 가지 선을 꼭 기입하고 확인한다. 그 이유는 시가선과 중심선을 합쳐 일목균형표의 구름대처럼 활용하면 아주 훌륭한 보조지표가 되기 때문이다.

저자 또한 일목균형표의 기준선과 시간론을 거래에 활용한다. 그렇다고 일목균형표에 무게를 두어 거래를 하지는 않는다. 일목산인이 만든 일목균형표의 구름대는 그 당시와 지금의 여건과 환경이 너무도 다르게 변했기 때문이다. 하지만 오늘날 대부분의 트레이더는 일목균형표의 구름대를 활용한다. 현시점의 거래에 있어 일목균형표 전체가 전혀 불합리하다는 것은 아니지만 구름대의 신뢰도가 많이 떨어진다는 결론에 이르렀다. 따라서 구름대의 원리만을 응용하여 나만의 매매존(zone)을 만들어 보기로 했다.

[자료5-6] NS존이 적용된 유로화의 60분봉차트

시가선과 중심선을 합친 NSZONE(남한산성존)이다. 차트를 보면 시가선이 중심선보다 위에 있으면 적색의 구름대가 형성되며 NS존 하단선이 지지선 역할을 한다. 또한 시가선이 중심선보다 아래에 있으면 청운이 되며 NS존 상단이 저항선 역할을 하게 된다. NS존 위로는 매수가 우위이며, 아래는 매도가 우위로 판단하면 된다.

대체로 NS존 내에서의 방향성은 아직은 중립으로 보아야 하므로 단타위주의 거래를 하는 것이 좋다. 차트에 다른 보조지표들을 설정할 필요 없이 NS존만 있어도 충분히 거래할 수 있으며 당일 캔들의 방향을 한 눈에 볼 수 있다. NS존 자체가 전일고가와 저가의 중심선과 당일의 시가로 만들어졌기 때문에 NS존을 활용한 거래는 추세추종의 거래패턴이라고 할 수 있으며 가장 현실적인 거래방식이다.

[자료5-7] 유로화 60분봉차트에 적용되는 NS존

　차트에서 A와 C캔들이 NS존 하단선 아래로 완성봉을 만든 것을 확인 후 다음 캔들에서 조정 시 NS존 하단선 근처에서 매도진입이 가능하다. B캔들이 NS존 하단선 위로 완성봉을 만든 것을 확인후 다음 캔들에서 조정 시 NS존 하단선 근처에서 매수진입이 가능하다. D캔들의 개장 이후 NS존 상단을 돌파하지 못하는 상태에서도 NS존 상단선 근처에서 매도가 가능하다.

　1차 목표가는 NS존 하단선이 된다. 하지만 NS존 상단선 위로 완성봉이 되면 바로 손절조건이 된다. E캔들에서 NS존 하단선 아래로 완성봉을 만든 것을 확인 후 다음 캔들에서 조정 시 NS존 하단선에서 매도 진입하였으나 F캔들에서 다시 NS존 하단선 위로 완성봉이 되면 다음 캔들에서 바로 손절하는 것이 원칙이다.

[자료5-8] 파운드화 60분봉차트에 적용되는 NS존

　　차트에서 A캔들이 NS존 하단선 위로 완성봉을 만든 것을 확인 후 다음 캔들에서 조정 시 NS존 하단선 근처에서 매수진입이 가능하다. 보통 1차 목표가는 NS존 상단선이 된다. B캔들이 NS존 상단선 위로 완성봉을 만든 것을 확인 후 다음 캔들에서 조정 시 NS존 상단선 근처에서 매수진입이 가능하다.

　　C캔들이 NS존 상단선 아래로 완성봉을 만든 것을 확인 후 다음 캔들에서 조정 시 NS존 상단선 근처에서 매도진입이 가능하다. 1차 목표가는 NS존 하단선이 된다. D캔들에서 NS존 하단선 아래로 완성봉을 만든 것을 확인 후 다음 캔들에서 조정 시 NS존 하단선 근처에서 매도진입하였으나 E캔들에서 다시 NS존 하단선 위로 완성봉이 되면 다음 캔들에서 바로 손절한다.

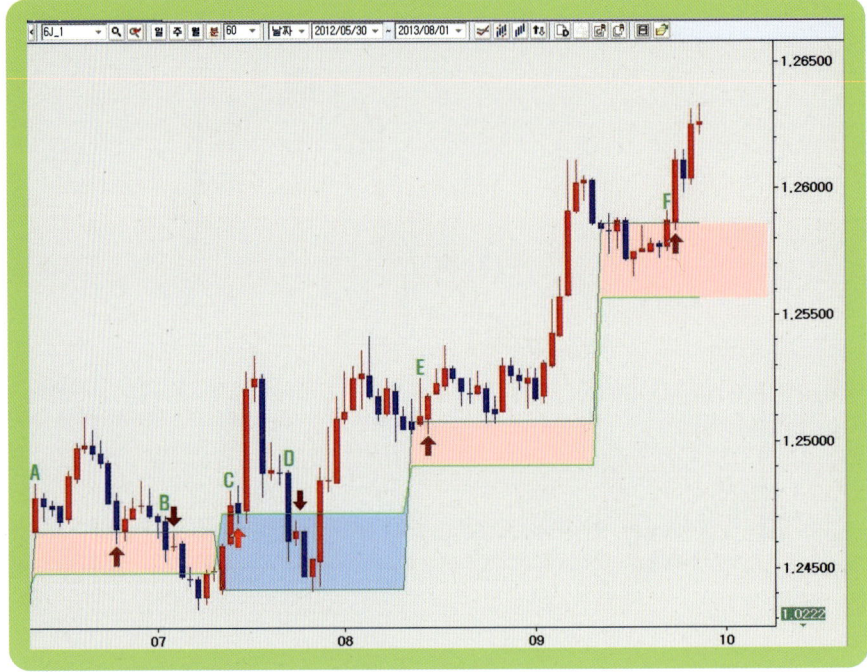

[자료5-9] 엔화의 60분봉차트에 적용되는 NS존

　　차트에서 A캔들이 개장 이후 NS존 상단을 돌파하여 NS존 상단이 지지선이 되는 상태에서 매수진입이 가능하다. 하지만 NS존 상단선 아래로 완성봉이 되면 바로 손절조건이다. B캔들에서는 NS존 상단선 아래로 완성봉을 만든 것을 확인 후 다음 캔들에서 직전의 매수포지션을 손절하고 매도진입 가능하다. C와E, F캔들이 NS존 상단선 위로 완성봉을 만든 것을 확인 후 다음 캔들에서 조정 시 NS존 상단선에서 매수진입이 가능하다. D캔들이 NS존 상단선 아래로 완성봉을 만든 것을 확인 후 다음 캔들에서 조정 시 NS존 상단선 근처에서 매도진입이 가능하다. 1차 목표가는 보편적으로 NS존 하단선이 된다.

[자료5-10] NS존으로 회귀하려는 속성

또한 캔들은 NS존으로 회귀하려는 속성이 강하다. 영향력 있는 경제지표나 펀더멘탈을 수반한 강한 추세가 아닌 이상, 기술적분석으로만 접근했을 때, NS존을 기준으로 시장가격이 어느 정도 이격이 생기면 다시 NS존으로 돌아오려는 회귀습성이 있다. 이상으로 필자가 명명한 NS존의 속성과 형성원리를 알아보았고, 이를 활용한 매매방법을 살펴보았다. 여러분도 NS존을 차트에 세팅해두고, 잦은 매매가 아닌 기다리는 매매를 할 수 있다면 시장에서 살아남을 확률이 높다.

memo

PART 06

피보나치의 로그변환을
매매에 활용하자

power note

chapter 01
일상생활에 많이 활용되는
피보나치 수열은 황금비율이다

　　1,170년 이탈리아에서 태어난 수학자인 레오나르도 피보나치(Leonardo Fibonacci)는 이집트의 피라미드를 연구하면서 피보나치 수열(Fibonacci sequence)의 숫자간 특징을 알게 되었다. 피보나치는 이 수열이 자연계의 질서를 반영한다는 것을 발견했다. 예전에는 수열이 자연 현상에 나타나는 원리라고만 생각했지만 오늘날에 와서는 그 활용 분야가 우리 일상과 밀접한 연관이 맺으며 다양하게 발전되고 있다.

　　피보나치 수열이라는 용어가 생소하게 느껴진다면 황금비율이란 단어를 한 번쯤은 들어본 적이 있을 것이다. 피보나치 수열은 바로 이 황금비율이란 단어와 밀접한 상관관계를 갖고 있다. 자연속의 식물 뿐 아니라 고동이나 소라의 나선구조에도 피보나치 수열은 신비롭게도 황금비를 만들어낸다. 가장 이상적이고도 아름다운 비율이기 때문에 황금비라 한다.

　　황금비는 이집트의 피라미드, 그리스의 파르테논신전이나 다빈치 미켈란젤로의 작품에서 시작해 오늘날에는 신용카드와 담배갑의 가로 세로 비율까지 광범위하게 쓰인다. 태풍과 은하수의 형태, 초식동물의 뿔, 바다의 파도 형태에도, 또 배꼽을 기준으로 한 사람의 상체와 하체, 목을 기준으로 머리와 상체의 비율도 황금비이다. 이렇듯 황금비라 할 수 있는 피보나치 수열은 자연물이나 예술품을 제외하고도 신호이론, 의학, 물리학, 통계학 등 다양한 분야에서 응용되고 있다.

뿐만 아니라 피보나치 수열은 금융에서도 중요한 기술적 분석 도구로 쓰인다. 1930년 미국 R N 엘리어트는 '우주의 비밀'이란 책에서 "철학적 관점에서 20세기 최대 발견은 상대성 이론, 양자역학 등이 아니라 우리가 아직 궁극적 실체에 도달하지 못했음을 깨달은 것이다. 우리는 다만 변화를 주재하는 법칙에 따라 진행되어 외부세계에 나타난 현상을 규정지을 뿐이다. 모든 생명체와 움직임은 진동으로 구성 돼 있으며 주식시장도 예외일 수 없다"고 주장했다.

엘리어트는 과거 75년 동안 주가 움직임에 대한 연간, 월간, 주간, 일간, 시간, 30분 단위 데이터까지 분석한 결과 인간 심리나 군중 행태를 반영한 증권시장도 자연법칙에 따라 움직인다고 설명했다. 즉 증시는 강세장과 약세장으로 이뤄진 증가와 감소의 파동으로 이뤄져 있으며, 상승하는 주식가격과 하락하는 주식가격 시점이 피보나치 수열과 관련 있다는 것이다.

이런 엘리어트 파동이론은 1987년 미국 주식시장 폭락사태를 예견해 최상의 주식 예측도구로 각광받기 시작했고, 요즘에도 증권가에서는 이 이론을 바탕으로 다양한 소프트웨어를 개발해 사용하고 있다. 필자의 경우 일목균형표와 더불어 엘리어트 파동론 또한 수년간에 걸쳐 연구하고 분석하였다. 시중에 나온 파동론의 내용과 필자의 매매방식을 접목해보기 위해서였다. 그렇지만 실제 차트에서 파동론에 입각하여 파동을 카운팅하기는 어려운 일이었다.

　상승 5파와 하락3파의 카운트기준이 정확하지 않고 어디까지를 한 파동으로 보아야 하는지에 대한 경계도 불분명했다. 상승파의 작은 조정파동인지 아니면 하락파동이 시작되는 것인지도 그때마다 다른 결과치를 보였다. 모든 파동을 설명할 수 있는 길이란 간접적인 방법뿐이며, 트레이더가 진행 파동의 상황에 맞추어 파동을 분석을 해야 하는데 이를 적절히 타이밍에 분석해내는 것은 쉽지 않은 일이다.

　그래서 파동이 모두 종결이 된 후에 지난 파동에 대해 카운팅하여 파동론을 거꾸로 끼워 맞추는 말도 안 되는 경우가 생기기도 한다. 성적표는 이미 나왔는데 뒤늦게야 시험지를 채점해보는 격이다. 따라서 많은 파동들이 존재하기 때문에 모든 상황을 설명할 수 있는 파동의 법칙은 존재할 수가 없다는 결론에 이르게 되었다.

　그렇다고 엘리어트 파동이론에 대해 전적으로 부정적 입장을 취하는 것은 아니다. 처음에도 언급했듯이 금융시장에 피보나치를 사용한 것은 대단한 일이다. 그리고 파동에 대한 피보나치의 활용 방식은 지금도 훌륭한 기술적 분석도구로 쓰이고 있다. 금융시장에서 사용되는 피보나치 수열로는 0%, 23.6%, 38.2%, 50%, 61.8%, 76.4%, 100%, 127.2%, 161.8% 등이 있다. 현재 증권사나 선물사에서 제공되는 HTS에서 볼 수 있고 직접 활용 할 수도 있다. 피보나치 수열을 이용해서 상승폭과 하락폭을 예측해 보고 이를 매매하는 방식을 통해 개인 트레이더들은 외환시장의 큰 파동을 이해하는데 도움을 받을 수 있을 것이다.

chapter 02
어떤 척도에 따라 정량적으로 나타내기 위해서는 로그가 필요하다

고등학교에서 배우는 여러 가지 종류의 함수 중에 로그 함수가 있다. 로그가 일반인들에게는 그저 어려운 수학 문제를 만들어내는 골치 아픈 개념으로 기억될 것이다. 그렇지만 계산 도구로서 로그의 힘은 곱셈과 나눗셈을 좀 더 손쉬운 연산인 덧셈과 뺄셈으로 바꿀 수 있다는 데 있다.

17세기 초 로그가 처음 등장했을 때 로그는 유럽 전체에서 열광적인 환영을 받았다. 특히 많은 계산을 해야 하는 천문학에서는 로그의 탄생만을 기다렸다고 해도 과언이 아니었다. "로그는 천문학의 작업량을 줄임으로써 천문학자의 수명을 두 배로 만들었다"는 말을 들을 정도였다. 컴퓨터의 출현으로 계산 도구로써 로그의 가치는 많이 줄었지만 함수로써의 위치는 계속 고수하고 있다. 로그는 물리적 양을 매우 간편하게 표현하는 강점이 있기 때문에 일상생활에서 접할 수 있는 수치들을 나타내는 편리한 도구로 이용된다.

[자료6-1] 일상생활에 응용되는 로그 함수

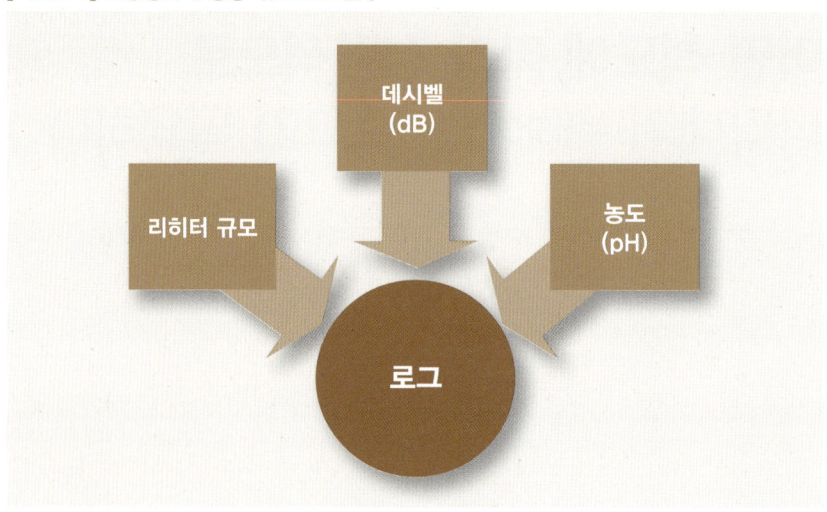

　지진의 크기를 정하는 리히터 규모, 소리의 세기를 나타내는 데시벨(dB), 산성과 염기성을 알려주는 수소 이온 농도(pH)가 바로 그 대표적인 예이다. '리히터'는 우리나라는 물론 세계 각지에서 발생하는 지진의 소식을 접할 때 꼭 따라붙는 용어이다. 리히터 규모 말고도 '진도'라는 표현을 쓰기도 한다.

　'진도'는 지진에 대한 인간의 반응과 지진에 의한 피해의 정도를 기준으로 지진의 크기를 정한 오래된 척도이다. 진도를 나타내는 방법은 여러 가지가 있는데, 우리나라에서 이용하는 '일본 기상청 진도 계급'은 0부터 7까지 8등급으로 나눠져 있다. 진도는 각 지점에서 지진의 세기를 나타내기 때문에 똑같은 지진이라도 지역에 따라 그 규모와 피해가 제각각 다르다. 따라서 지진을 분류할 때는 지진 자체의 크기를 어떤 척도에 따라 정량적으로 나타낼 필요가 있었다. 이를 위해 현재 보편적으로 이용하는 방법이 1935년 리히터가 개발한 '리히터규모

(magnitude)'다.

지진의 규모는 진원지에서 1백km 떨어진 지점에서 지진계로 측정한 지진파의 최대 진폭에 따라 결정된다. 지진파의 최대 진폭은 지진에 따라 대단히 큰 차이를 보이는데 이런 차이를 알기 쉽게 축소해 나타낸 것이 로그다. 지진파의 최대 진폭이 A마이크론(1마이크론=1천분의 1mm)인 지진의 규모 M은 상용 로그를 이용해 M log10 A(=log A)으로 정한다. 그러므로 지진의 최대 진폭이 10배씩 커질 때마다 지진의 규모는 1.0씩 증가한다(log 1=0, log 10=1, log 102=2, … log 10n=n).

데시벨(dB)은 소리의 세기를 표준음의 세기와 비교해서 나타낸다. 표준음의 세기를 I0라 하고 어떤 소리의 세기를 I 라고 할 때, 이 소리의 세기를 데시벨로 환산한 수치 L은 상용 로그를 이용해서 구한다(L = 10 log I / I 0). 자동차 내부에서 느끼는 소음의 정도인 80dB의 소리는 표준음 세기의 1억 배이고, 전기톱 소리를 나타내는 100dB의 소리는 표준음 세기의 1백억 배를 의미한다. 이처럼 소리의 세기를 어떤 척도에 따라 정량적으로 나타내는 데에도 로그를 사용한다.

대기 오염의 결과로 산성비가 내리고, 토양이 산성화되고 있다는 소식을 종종 듣는데 이 때 'pH4.5', 'pH5.2'와 같은 수치를 접하게 된다. 또 비누 광고에도 pH가 등장한다. 이런 수치는 용액 속의 수소 이온 농도를 측정해서 얻는다. 그런데 수소 이온 농도는 용액에 따라 큰 차이를 보이기 때문에, 이를 상용로그를 이용해서 수소이온 지수(pH)로 바꾸어 0부터 14까지의 수로 나타낸다.

1L의 용액 속에 있는 수소 이온의 그램 이온수를 나타내는 수소이온 농도 [H+]를 pH로 바꾸는 공식은 pH=-log [H+]이다. 만약 수용액 중에 수소 이온이 1.0×10^{-7}g 있다면 이때의 pH는 7이다. pH가 7인 용액은 중성, 7보다 작으면 산성, 7보다 크면 염기성이다. 수소 이온 농도(pH) 또한 척도에 따라 정량적으로 표현하기 위해서도 역시 로그를 사용하게 된다.

환율의 시세에는 절대가치가 없다. 예를 들어 유로의 현시세가 1.3500이라면 '이 시세가 높다'거나 '현 시세가 낮다'라고 말할 수 없을 것이다. 또한 현시세가 '높다'고 해서 매도로 진입할 수 없고, '낮다'고 해서 매수로 진입할 수도 없다. 우리가 거래하는 외환시장의 수익구조는 단지 어느 시세에서 매수하여 더 높은 가격에 청산하고 또 어느 시세에서 매도하여 더 낮은 가격에서 청산하여 수익을 창출하느냐는 것이다.

즉, 현시세가 중요한 것이 아니라 얼마큼 더 올라갈 것이고 얼마큼 더 내려갈 것인가의 변동 폭이 중요한 것이다. 앞의 리히터 규모, 데시벨(dB), 수소이온농도(pH)에서 예시하였듯이 환율 역시 어떤 척도에 따라 정량적으로 나타내기 위해서는 로그가 필요하다고 생각하였고 필자는 여기에 착안하여 외환시장에 로그를 적용하게 되었다. 이 로그를 앞서 언급한 피보나치 수열에 접목하여 나만의 거래방식을 개발 할 수 있게 되었다.

[자료6-2] 로그변환 피보나치와 비교(유로화의 일봉차트에서)

왼쪽 차트는 우리가 흔히 접할 수 있는 일반적인 피보나치를 이용한 선들이며 오른쪽은 산술적 수치를 로그로 변환하여 피보나치를 활용한 선들이다. 오른쪽 차트가 훨씬 정교하며, 완성봉과 조정 캔들이 명확하다는 것을 알 수 있다.

만약 트레이더가 하락파동의 조정파로 보고 피보나치 50%선까지 기다리는 상황이라고 보면 왼쪽 차트경우는 A처럼 진입을 못하였겠지만 로그를 활용하였다면 오른쪽 차트의 A'처럼 정확히 매도로 진입하여 수익을 낼 수 있었을 것이다. 또한 왼쪽 차트 B부분을 살펴보면 피보나치선에 대해 캔들의 꼬리가 지저분하지만 오른쪽 차트의 B'부분은 로그선에 대해 깔끔하다는 것을 알 수 있다. 이렇듯 로그를 활용한 피보나치선들은 거래하는데 있어 정교하고 명확한 진입자리를 제공해 주었다.

chapter 03
로그변환선을 활용하여
최적의 툴을 구비하라

파동의 고점과 저점의 가격을 로그값으로 변환하여 이를 피보나치수열에 적용하여 만들어진 선들이 로그선이다. EUR(유로화)의 고점가격이 1.3715이라면 로그값은 3.56995882이며, EUR의 저점가격이 1.2751이라면 로그값은 3.43949059이다.

고점과 저점의 로그값의 차이를 피보나치수열에 대입하면 23.6%선은 3.539168316이 되며 이 로그값을 다시 산술적 수치로 환산하면 1.3461이 된다. 이와 동일하게 계산하면 38.2%선은 1.3312, 50%선은 1.3197, 61.8%선은 1.3086, 76.4%선은 1.2953이 된다. 이렇게 만들어진 선들이 로그선이며 이 선들을 차트에 표시하면 아래차트와 같다.

[자료6-3] 로그변환선이 설정된 유로화의 일봉차트

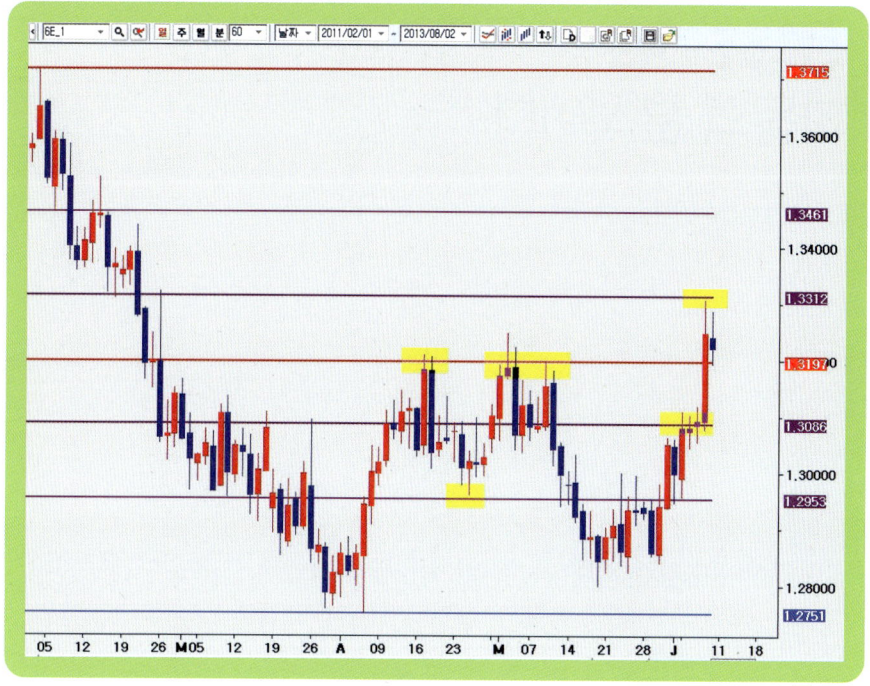

　유로화의 일봉차트에서 보듯 일반 피보나치선과는 전혀 다른 정교하고 정확한 자리를 표시해 주는 로그선들을 확인 할 수 있다. 단언컨대 이 로그선을 정확히 이해하고 활용한다면 손실을 최소화하고 수익은 극대화 시킬 수 있는 거래를 할 수 있을 것이다.

memo

chapter 04
선행조건은
파동의 분석이다

로그선이 우리가 거래하는데 있어 훌륭한 기술적 도구임은 분명하지만 파동의 고점과 저점을 잘못 판단한다면 로그선은 도리어 트레이더에게 혼돈과 손실을 줄 수 있는 양날의 칼과도 같다.

[자료6-4] 잘못된 파동분석과 로그변환선

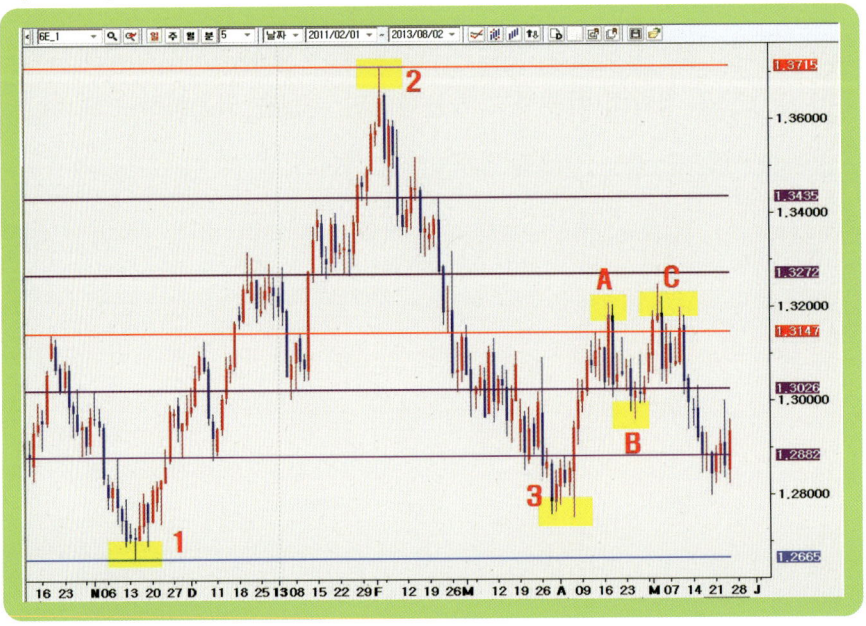

차트에서 3번 지점을 터치하고 난후의 흐름을 살펴보자. 트레이더가 상승파동으로 인식하고 1번을 저점 2번을 고점으로 로그선을 만든 경우에는 A와 C에서 캔들이 로그선 50%인 1.3147 위로 완성봉이 되었으므로 매수로 진입하게 되지만 손실이 발생하게 된다. B 또한 로그선 38.2%인 1.3026아래로 완성봉이 되어 매도로 진입한다면 손실이 불가피하게 된다.

[자료6-5] 수정된 파동분석과 로그변환선

[자료6-5]는 [자료6-4]와 똑같은 차트이지만 저점과 고점을 다르게 잡아 보았다. 상승파동이 아닌 2에서 3번으로의 하락파동으로 인식하고 2번에서 3번을 고점과 저점으로 로그선을 만든 경우에는 A와 C에서 로그선 50%인 1.3197선 위로 완성봉이 되지 않아 섣불리 매수로 진입할 수 없게 된다. 오히려 로그선 50%인 선을 저항선으로 판단하여 매

도 관점으로 판단 할 수 있고, B에서 또한 로그선 76.4%인 1.2953 아래로 완성봉이 되지 않아 매도로 진입 할 수 없는 여건이다.

이처럼 파동을 단순히 전고점과 전저점의 개념으로만 잘못 인식한다면 이는 곧 손실로 이어지게 된다. [자료6-4]에서와 같은 오류를 범하지 않기 위해서는 무엇보다도 파동을 충분히 이해하여 파동의 처음 시작점과 파동의 종점을 정확히 파악해야 할 필요성이 있다. 앞에서 언급했듯이 엘리어트 파동이론이나 일목균형표의 파동론을 활용하여 파동을 분석할 수도 있겠지만 이는 너무 난해하고 복잡하며 시장트렌드에도 부합되지 않는 부분들이 있다.

지금부터는 그 동안의 경험으로 파동을 보다 쉽고 간단하게 분석하는 방법을 소개하고자 한다. 파동은 장기, 중기, 단기파동으로 나뉠 수 있으며 피보나치선의 23.6%와 시간의 개념을 포함하여 분석하는데 피보나치의 23.6%선을 파동의 전환선으로 인식하면 된다.

[자료6-6] 파동 전환의 기준 예시①

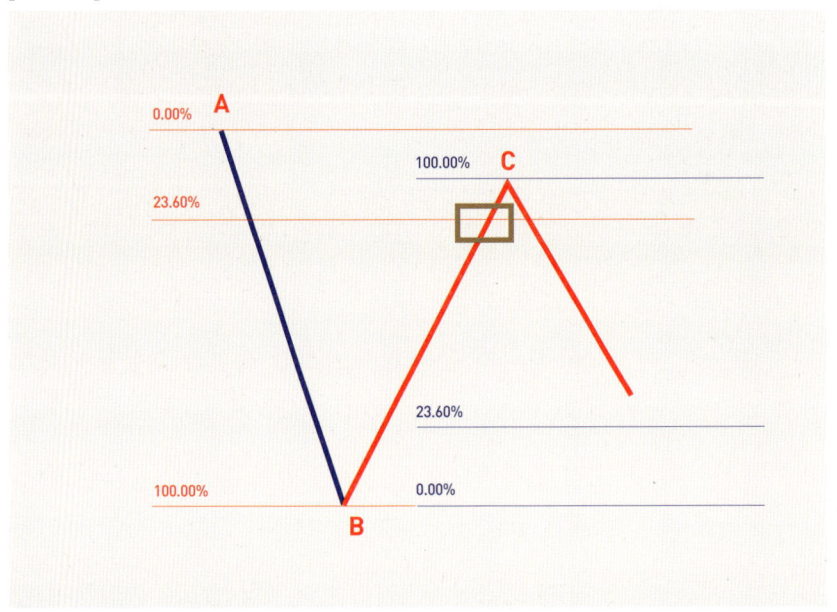

[자료6-6]의 그림처럼 A지점에서 시작하여 B까지 하락파동으로 진행 중에 이후 파동이 A-B의 피보나치 23.6%를 돌파함으로써 파동은 B-C의 상승파동으로 바뀌었다. 파동이 상승으로 바뀌었기 때문에 로그선의 고점은 A가 아닌 C가 되며 저점은 B가 된다. 이후 C에서 내려오는 파동이 B-C의 피보나치 23.6%를 터치하지 못하고 고점 C 또한 상향 돌파하지 않는다면 로그선의 저점과 고점은 B-C의 상태로 유지한다.

[자료6-7] 파동 전환의 기준 예시②

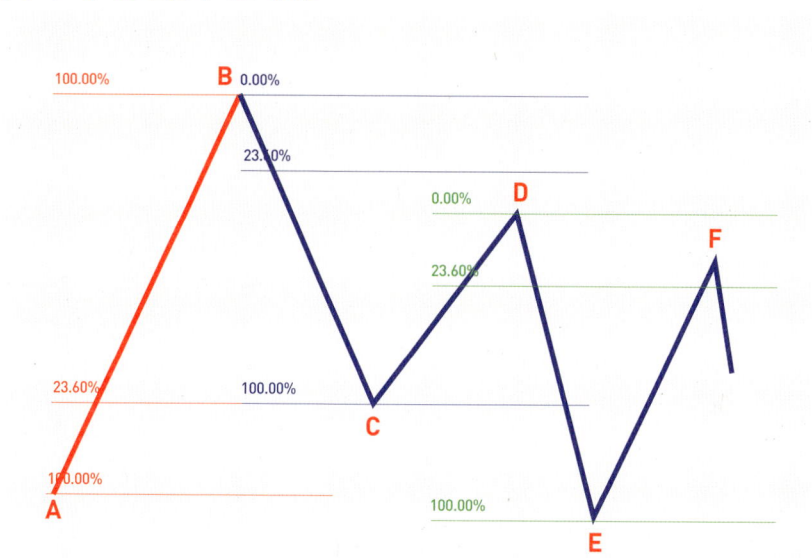

[자료6-7]의 그림은 A-B의 상승파동은 C지점에서 A-B의 23.6%을 터치함으로써 소멸되어 B-C의 하락파동으로 바뀌었고 D지점이 B-C의 23.6%를 터치하지 못하였기 때문에 하락파동은 계속 유지상태라 볼 수 있다. 전체적으로 보면 하락파동은 B-E까지 계속된다. 로그선의 고점과 저점 또한 B-E가 되며 B-E는 중기 하락파동이 된 것이다. 이후 단기 하락 파동 D-E의 23.6%를 F지점에서 돌파되었으므로 B-E의

중기 하락 파동 중에 E-F의 조정파동인 단기 상승파동이 생긴 것으로 인식하면 된다.

[자료6-8] 파동 전환의 기준 예시③

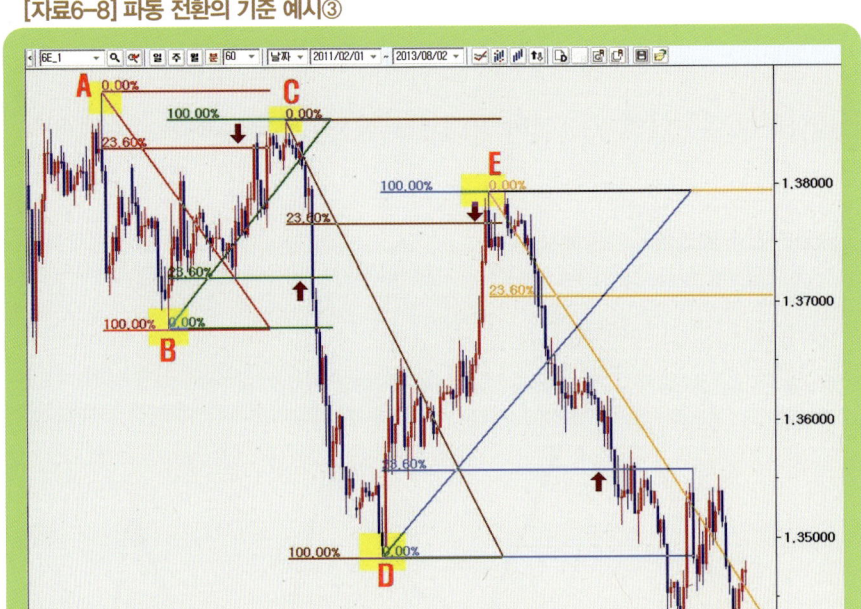

　　[자료6-8]의 차트를 살펴보면 A-B의 하락파동이 A-B(빨간색)의 23.6%를 돌파함으로써 B-C의 상승파동으로 바뀌었고, 이후 B-C의 상승파동이 B-C(녹색)의 23.6%를 하향 돌파 되면서 C-D의 하락파동으로 바뀌었다. 다시 C-D(갈색)의 하락파동의 23.6%를 상향돌파 되었으므로 D-E의 상승파동으로 전환되었으며, D-E(파랑색)의 23.6%를 다시 하향 돌파되면서 E-F의 하락파동이 유지상태이다. 그럼 로그선의 고점과 저점 또한 E-F로 보면 된다.

필자가 파동이론의 새로운 주장을 펼치고 있는 것이 탐탁치 않을 수 있다. 엘리어트 파동이론도 미완성으로 그친 면이 많고 일목균형표도 급변하는 시장환경에 발맞춰 업그레이드 되고 있지 못하다. 필자의 파동에 대한 시각이 맘에 안 들더라도 오랜 실전 경험에서 도출된 신뢰할 만한 매매법이니 참고하자고 생각하길 바란다. 이보다 더 우수한 이론을 펼쳐서 실전에서도 많은 수익을 거두는 방법이라면 필자도 새로 배울 의향이 있다. 독자 여러분들도 각자에 맞는 매매방법을 개발하기 위해 많은 노력을 기울인다면 더 우수하고 신뢰도 높은 방법과 이론을 발전시킬 수 있다.

memo

chapter 05
로그선을 실전 매매에 적용시켜 보자

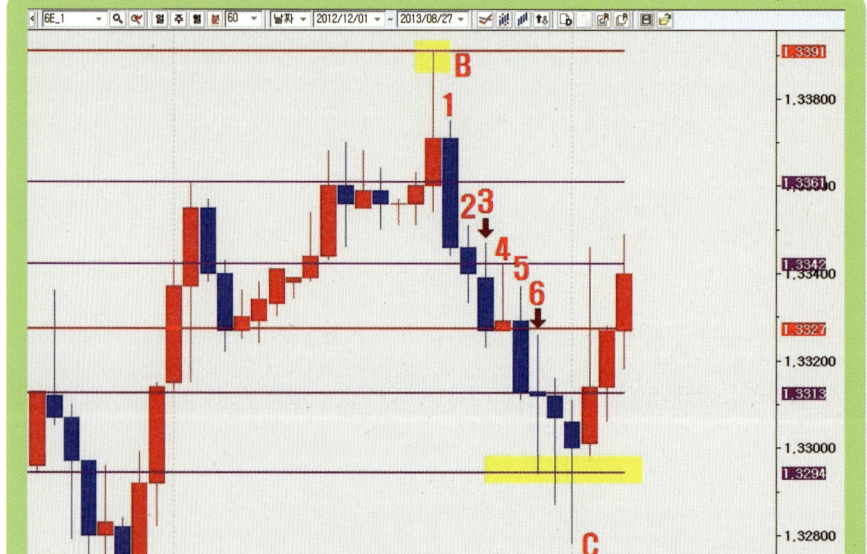

[자료6-9] 로그선을 활용한 실전매매①(유로화의 60분봉차트)

이제 로그선을 이용하여 실전 매매를 해 보자. [자료6-9]의 차트는 A-B사이의 로그선이다. 고점 B에서 하락하면서 1번 캔들이 로그선 1.3361 아래로 완성봉을 만들었다. 하지만 2번 캔들에서 1.3361 부근까지 조정이 오지 않아 매도진입을 하지 못하였고, 2번 캔들이 로그선 1.3342를 하향 돌파하는 완성봉이 되었으므로 3번 캔들에서 로그선 1.3342에서 매도 진입한다. 목표가는 61.8% 되돌림선인 1.3313 로그선 부근까지 유지함으로써 5번 캔들에서 매도포지션을 청산하여 약 30틱의 수익이 발생하였다. 이후 6번 캔들에서 파동의 전환선인 23.6% 선을 하향 돌파되었으므로 로그선의 고점과 저점은 최종적으로 B-C로 수정한다.

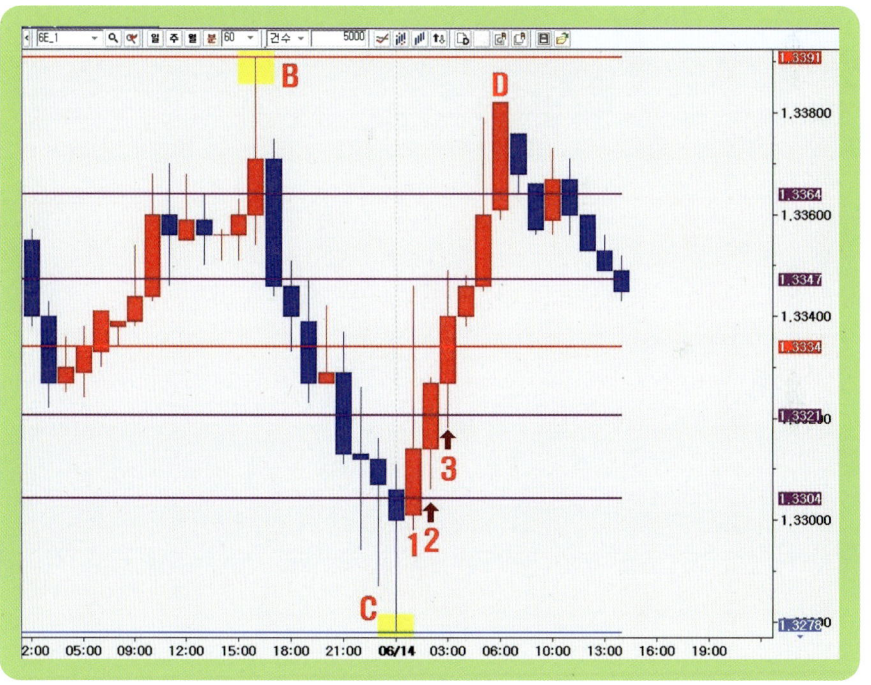

[자료6-10] 로그선을 활용한 실전매매②(유로화의 60분봉차트)

차트에서 로그선의 고점과 저점을 B-C로 한 후 1번 캔들이 로그선 위로 완성봉이 되었으므로 1.3304 부근의 로그선에서 매수 진입한다. 2번 캔들 또한 로그선 위로 완성봉이 되었으므로 2번 캔들에서 진입 못한 트레이더는 신규로 3번 캔들의 로그선 1.3321에서 매수 진입이 가능하다. 물론 기존의 매수를 진입한 트레이더는 포지션을 유지하면 된다. 목표가는 B-C의 61.8% 되돌림선인 1.3347까지 유지함으로써 약 40틱의 수익이 발생하였다. 이후 파동의 전환선인 23.6%선인 로그선 1.3364를 상향 돌파했기 때문에 로그선의 고점과 저점은 최종적으로 C-D로 수정한다.

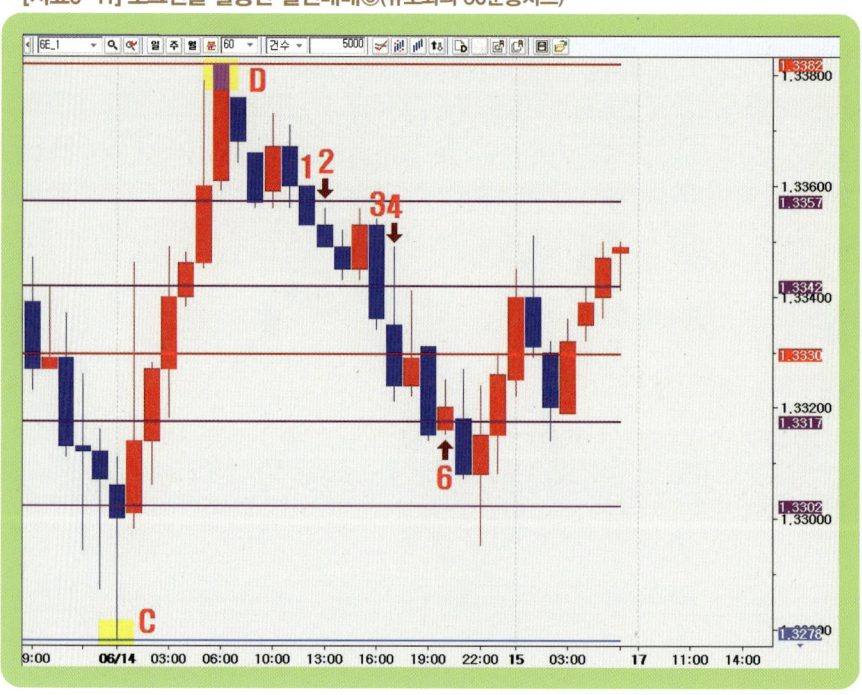

[자료6-11] 로그선을 활용한 실전매매③(유로화의 60분봉차트)

    차트에서 로그선의 고점과 저점을 C-D로 설정한 후 1번 캔들에서 로그선 아래로 완성봉이 되었으므로 1.3357 부근의 로그선에서 매도 진입한다. 3번 캔들 또한 로그선 아래로 완성봉이 되었으므로 4번 캔들의 1.3342의 로그선 부근에서 매도 진입한다. 목표가는 C-D의 61.8%의 되돌림선인 1.3317까지 유지함으로써 약 25~40틱의 수익이 발생하였다.

[자료6-12] 로그선을 활용한 실전매매④(유로화의 60분봉차트)

　차트에서 C의 고점이 A와 B의 파동의 전환선을 돌파함으로써 A-B의 파동은 소멸되었고 새로운 하락파동인 C-D가 생겨났다. 이에 로그선의 고점은 A가 아닌 C가 되고 저점은 D가 된다. 로그선을 활용하여 이후에 거래를 어떻게 하는지 살펴보겠다.

memo

[자료6-13] 로그선을 활용한 실전매매⑤(유로화의 60분봉차트)

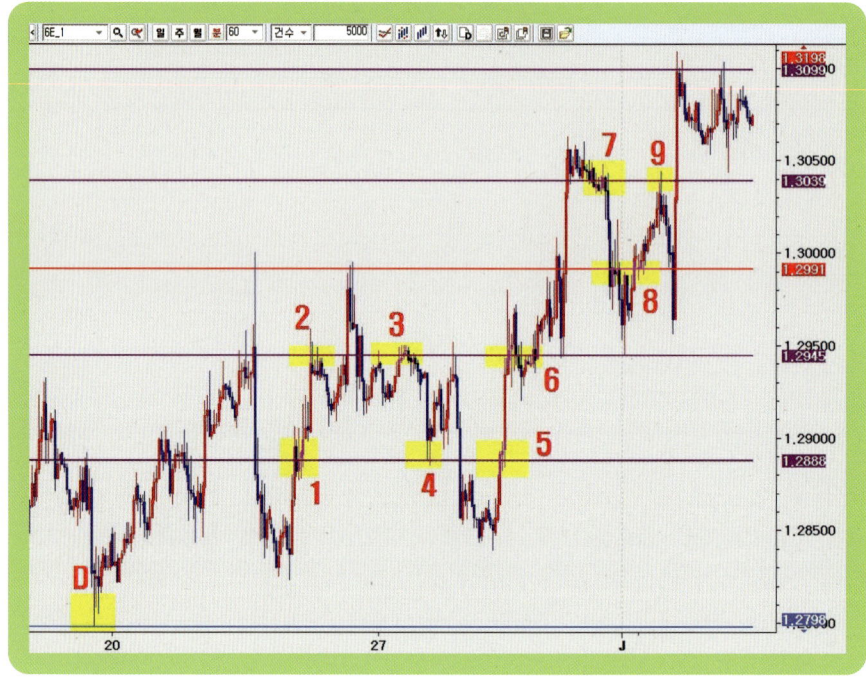

▶ 1번 지점에서 로그선 1.2888 위로 완성봉이 되었으므로 1.2888부근에서 매수 진입하여 다음 로그선 1.2945인 2번 지점에서 청산한다.

▶ 로그선 50% 지점에서 저항을 받고 하락하면서 로그선 1.2945 아래로 완성봉이 되었으므로 3번 지점의 1.2945 부근에서 매도로 진입하여 다음 로그선인 1.2888의 4번 지점에서 청산한다.

▶ 다시 5번 지점의 로그선 1.2888 위로 완성봉이 되었으므로 1.2888 부근에서 매수 진입하여 다음 로그선 1.2945에서 청산한다.

▶ 6번 지점의 로그선 1.2945 위로 완성봉이 되었으므로 1.2945 부근에서 매수 진입하여 다음 로그선 1.2991에서 청산한다.

▶ 로그선 1.3039 위로 완성봉이 되어 매수진입 하였다면 다시 7번 지점인 1.3039 아래로 완성봉이 되었으므로 매수포지션을 손절하고 1.3039 부근에서 매도로 진입하여 다음 로그선인 1.2991에서 청산한다.

▶ 8번 지점의 로그선 1.2991 위로 완성봉이 되었으므로 1.2991 부근에서 매수 진입하여 다음 로그선 1.3039인 9번 지점에서 청산한다.

이렇듯 로그선은 완성봉의 여부에 따라 트레이더에게 정확한 진입자리와 청산자리를 제공해 줌으로써 손실은 최소화가 되고 수익은 극대화 시킬 수 있게 된다.

memo

memo

PART 07

일목균형표는
철학이 깊은 보조지표이다

power note

chapter 01
일목균형표의 기준선은 시장 자체의 기준선이 된다

　일목균형표에는 전환선, 기준선, 후행스팬, 선행스팬1, 선행스팬2로 이루어져 있다. 하지만 5개의 선들 중에서 필자는 26일 기준선만을 활용한다. 일목균형표는 시장에 처음 소개되었을 당시 많은 사람들의 찬사와 각광을 받았다. 동양의 엘리어트 파동이란 표현이 있을 정도였다. 필자 역시 일목균형에 심취하여 수년에 걸쳐 분석했던 적이 있었다.

　하지만 일목균형표을 만들었던 당시와 지금은 시장의 환경 자체가 현저히 달라졌고 현 시장에 있어 기술적 분석의 도구로 사용하기에는 신뢰도가 다소 떨어지는 면이 있다. 또한 일목균형표의 모든 선을 활용하려면 그 자체에만 편중하고 의존하여 거래하는 결과가 되므로 일목균형표 자체의 단점들이 그대로 노출이 되는 오류가 발생한다. 지금은 일목균형표가 만들어질 당시와 다르게 HTS가 일반적으로 보편화 되어 다른 기술적 분석 도구로도 충분히 보완이 가능하다.

　그래서 필자는 일목균형표에서 26일 기준선만을 활용한다. 26일 기준선은 과거의 경험을 근거로 하여 통계적으로 산출한 수치나 데이터가 아니라 동서양의 많은 문헌을 조사하여 산정한 선험적(先驗的) 숫자로써 일목산인이 결정한 것이다. 그래서 일반적으로는 다른 분석도구의 설정일수와 같이 여러 수치로 변화해서 사용하는 것이 아니라 고정된 수치로 사용해야 한다. 그래서 26일 기준선은 동서고금을 막론하고 현재의 시장에서도 그 신뢰도가 높은 편이다.

기준선은 시장방향의 기준이 되고 지지선·저항선 역할을 한다. 즉 시장 그 자체의 기준이면서 시장의 방향을 보여준다. [자료7-1]처럼 기준선이 상향되고 있으면 매수세가 강하고, [자료7-2]처럼 기준선이 하향하고 있으면 매도세가 강하다고 판단한다. 또한 [자료7-3]처럼 기준선의 상승을 동반하지 않은 매수세는 약하며, 기준선의 하락을 동반하지 않는 매도세 또한 그 힘이 약하다.

[자료7-1] 기준선이 상향하고 있는 시장

[자료7-1]은 파운드화의 60분봉차트이다. 기준선이 상승추세를 이루고 있다. 이러한 상승추세에서는 기준선 위로 완성봉이 되면 조정 시 기준선 부근에서 매수 진입을 원칙으로 한다. 만약 매수 포지션을 보유한 상태에서 기준선 아래로 완성봉이 되면 보유한 매수 포지션은 청산하되 그렇다고 매도로 진입하는 것은 위험하다. 아직은 상승추세에 있기 때문이다. 기준선의 상승추세에서는 가급적 매도는 자제해야 하며 매도로 진입하더라도 짧게 포지션을 보유해야 한다.

[자료7-2] 기준선이 하향하고 있는 시장

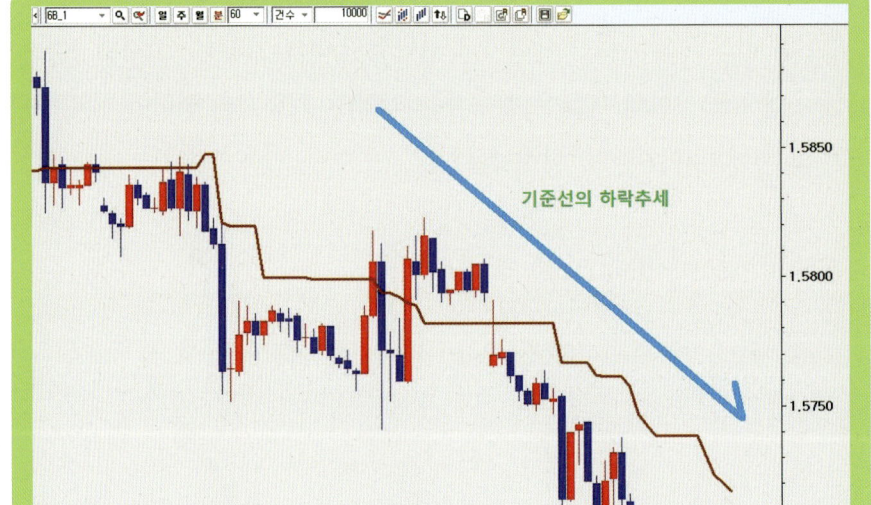

[자료7-2]도 역시 파운드화의 60분봉차트이다. 기준선이 하락추세를 이루고 있다. 이러한 하락추세에서는 기준선 아래로 완성봉이 되면 조정 시 기준선 부근에서 매도진입을 한다. 만약 매도 포지션을 보유한 상태에서 기준선 위로 완성봉이 되면 보유한 매도포지션은 청산하

되, 매수로 진입해서는 안 된다. 기준선의 하락추세에서는 가급적 매수는 자제해야 하며, 매수로 진입하더라도 짧게 포지션을 보유해야 한다.

[자료7-3] 기준선이 횡보하고 있는 시장

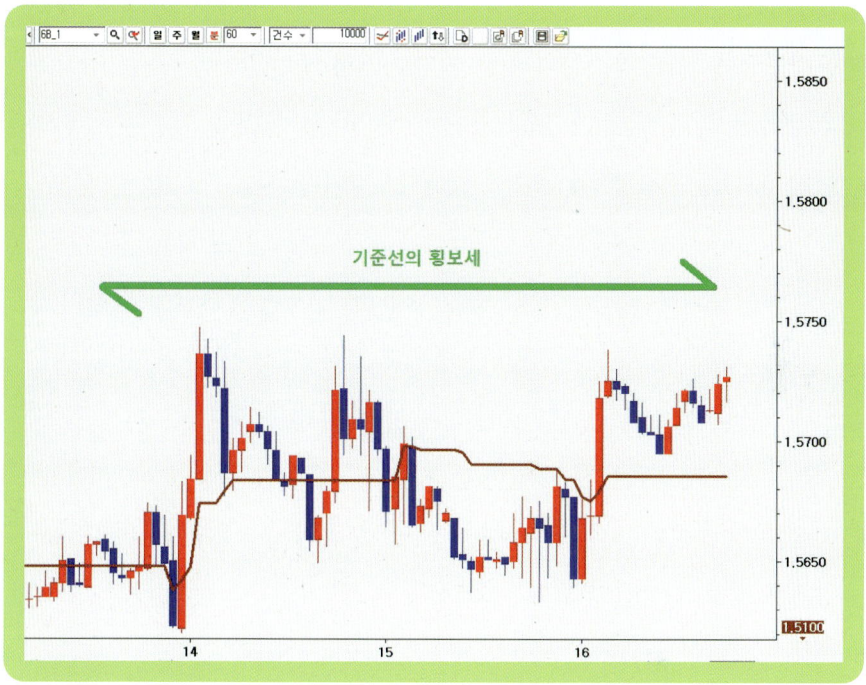

[자료7-3]도 파운드화의 60분봉차트인데 기준선이 추세가 없이 횡보상태이다. 이러한 기준선의 횡보장에서는 기준선을 기준으로 이격이 벌어지면 캔들은 다시 기준선으로 회귀하려고 한다. 그러기 때문에 기준선에서 캔들이 멀어지면 기준선 방향으로 포지션을 진입 할 수도 있다. 하지만 이러한 횡보장에서는 가급적 거래를 자제하는 편이 낫다. 변동성이 없기 때문에 진입을 해도 심리적으로만 불편할 뿐만 아니라 정신적 소모만큼의 수익성을 얻을 수 없다.

기준선은 시간론에 의해 26의 시간을 사용하였다. 기준선의 계산원리는 (최근 26개 캔들의 최고가 + 최근 26개 캔들의 최저가)/2 이다. 즉, 26개 캔들내에서의 고점과 저점과의 중심선(중간값들을 이은 선)이다. 이동평균선과 달리 평활화 방식으로 매끄럽게 움직이는 곡선이 아니기 때문에 상승과 하락의 전환과 수평 구간이 확연하게 눈에 띈다. 또한 이동평균선에 비해 기준선이 갖는 장점이라면 중간값 개념을 도입했기 때문에 현재 주가가 그 중간 가격 대비 상·하 어디에 있는지에 따라 현시세와 균형을 잘 파악할 수 있다는 것이다.

그뿐만 아니라 해당 기간의 최고가와 최저가 두 가격만을 취하여 중간 값을 산출하므로 이동평균선 방법에 비해 계산이 훨씬 쉽고 기준선이 언제쯤, 어느 가격대에서 방향이 바뀌게 될지 미리 쉽게 알 수 있다. 26개 캔들내에서 동일한 최고·최저 가격 범위(동일 레인지)내에서 캔들이 움직이고 있을 때에는 기준선은 움직이지 않는다. 따라서 수평으로 횡보하는 선이 되어 나타난다.

또한 기준선의 형태는 능동형과 수동형으로 구분된다. 새로 더해지는 가격이 지난 26개 캔들 중 최고·최저가 범위를 벗어나 최고점이나 최저점이 돌파되어 기준선이 움직이는 경우가 '능동형'이다. 또한 현재 가격대는 큰 변동이 없으나 시간의 경과에 따라 26개가 합산에서 빠져나가면서 기준선이 움직이는 '수동형'으로 나눌 수 있다.

[자료7-4] 기준선을 활용한 매매방법

　기준선을 활용한 매매는 60분 캔들 기준으로 [자료7-4] 차트의 A처럼 기준선 위로 완성봉이 되면 조정 시 매수진입 한다. B처럼 기준선 아래로 완성봉이면 조정 시 매도진입이다. 즉 기준선 위에서는 매수 관점이며, 기준선 아래에서는 매도 관점으로 접근하면 된다.

memo

chapter 02
시간론을 근거로
전략 수립이 가능하다

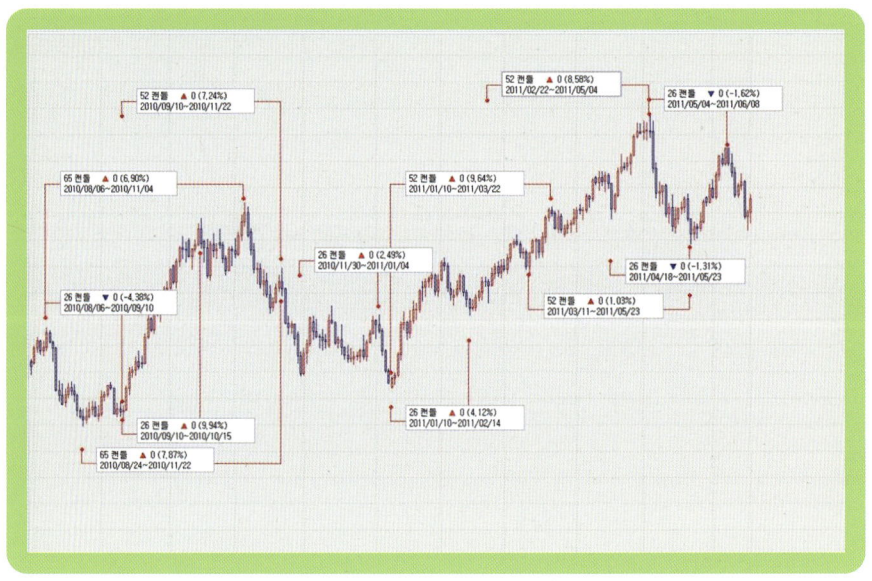

[자료7-5] 시간론에 입각한 변곡일 예시

　　[자료7-5]는 유로화의 일봉차트이다. 시간론에 의한 변곡일을 표시하였다. 시세(時勢)란 그 당시의 형세나 세상의 형편을 뜻한다. 한자의 뜻 자체에서도 알 수 있듯 우리가 흔히 쓰는 시세란 현재의 가격도 중

요하지만 '그 당시'라는 시간적 개념이 매우 중요하다는 것을 알 수 있다. 즉 시간과 변동 폭으로 인해 가격이 결정되고 시장이 형성된다고 볼 수 있다.

하지만 이 또한 절대적인 것은 아니다. 필자는 FX나 해외통화선물에서 일목균형표의 시간론을 대입하여 활용하려고 많은 시행착오를 겪고난 후 외환시장에 가장 적합한 시간론을 재해석할 수 있게 되었다. 일목균형표의 시간론의 본질은 훼손하지 않았다. 시간론에 나오는 숫자는 선험적(先驗的) 숫자로써 일목산인이 결정한 것이기에 그러하다.

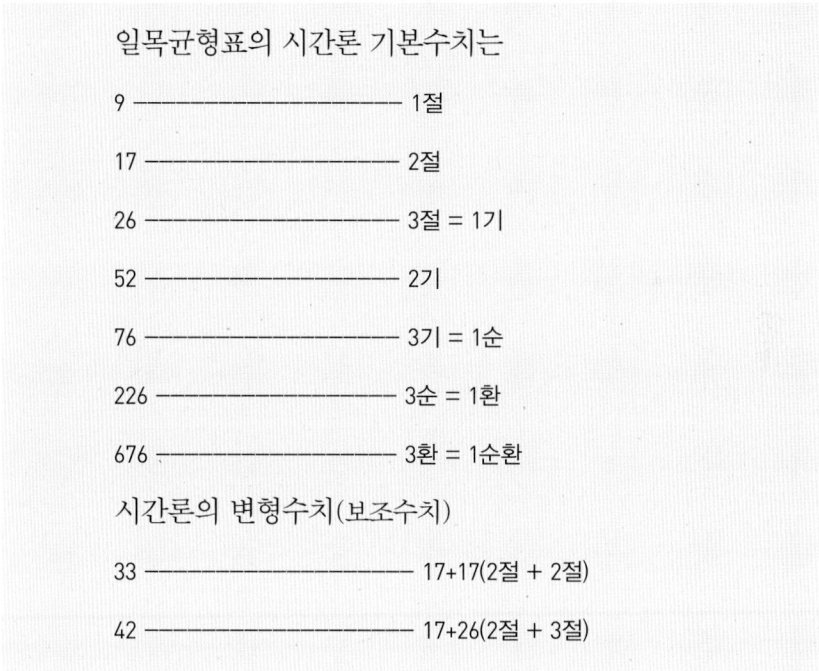

이외에도 일목균형표의 시간론에는 더 많은 변형수치들과 대등수치가 있지만 외환거래에서는 이정도만 숙지한다. 그만큼 시간론을 무작정 적용하기에는 조심스럽다.

외환에 시간론을 적용하는 기본원칙으로는

- EUR에만 적용한다.
- 일간 차트에만 우선적으로 적용하며, 26, 52의 수치만 사용하고 33, 42는 보조수치 정도로만 활용한다.
- 시간론의 숫자는 하루라도 틀리면 안 되는 절대적인 것이 아니다(보통 ±1개).
- 변곡일에 미리 맞춰 거래하지 말아야 하며 변곡 당일에도 결정하지 말고 변곡일 다음날 전일 변곡일의 신고점이나 신저점을 갱신하지 않았다면 전일이 변곡일 가능성이 높다.
- 변곡일에 시세가 전환되지 않으면 이는 현 추세가 너무 강하므로 변곡일을 무시하고 시장에 순응하여 추세의 가속화로 보아야 한다.
- 시간론에 의한 변곡일은 철저하게 파동과 캔들의 패턴을 연관하여 변곡 캔들을 추적해야 한다. 무조건 고점과 저점을 계산하여 카운팅 하는 것이 아니다.
- 시간론에 대한 확실한 개념과 충분한 이해가 부족하다면 시간론을 사용하지 않는 편이 낫다.

이제는 외환에 시간론을 적용한 기본원칙을 토대로 유형별로 실제매매에 적용해보기로 하자.

[자료7-6] 시간론에 입각한 실전매매 전략①

　1번 캔들을 기준으로 26개의 변곡일이 생긴 상황에서 순수한 시간론에 의한 차트를 해석해 보자.

　2번 캔들: 1번 캔들에서 25일째 되는 날이다. 1번 캔들에서 저점을 형성하고 상승파동 이후 조정파동이 진행되고 있는 상황에서 내일이면 26일로써 조정파동이 마무리 될 가능성이 있다.

　3번 캔들: 당일은 26일 되는 변곡일이다. 하지만 섣불리 매수로 진입할 수는 없다. 적어도 오늘이 지나야 변곡일을 확신 할 수 있다. 오늘 전일 캔들(2번)대비 저점이 같거나 저점을 갱신해야 변곡일로써의 정확도가 높다. 결국 2번 캔들보다 신저점을 형성하고 장이 마무리 되었다.

　4번 캔들: 어제의 저점을 깨지 않았고 종가 기준으로 요주의캔들로 마무리 되었다. 어제가 26개 변곡일로써 조정파동이 마무리 되었을 가능성이 높다.

5번 캔들: 당일은 4번 캔들의 종가 부근에서 매수로 진입한다. 손절라인은 26일 변곡일인 3번 캔들의 저점보다 20틱 아래로 설정한다. 종가 기준으로 캔들의 패턴상 상승반전형을 이루었다.

6번 캔들: 매수포지션을 전고점까지 유지한다.

[자료7-7] 시간론에 입각한 실전매매 전략②

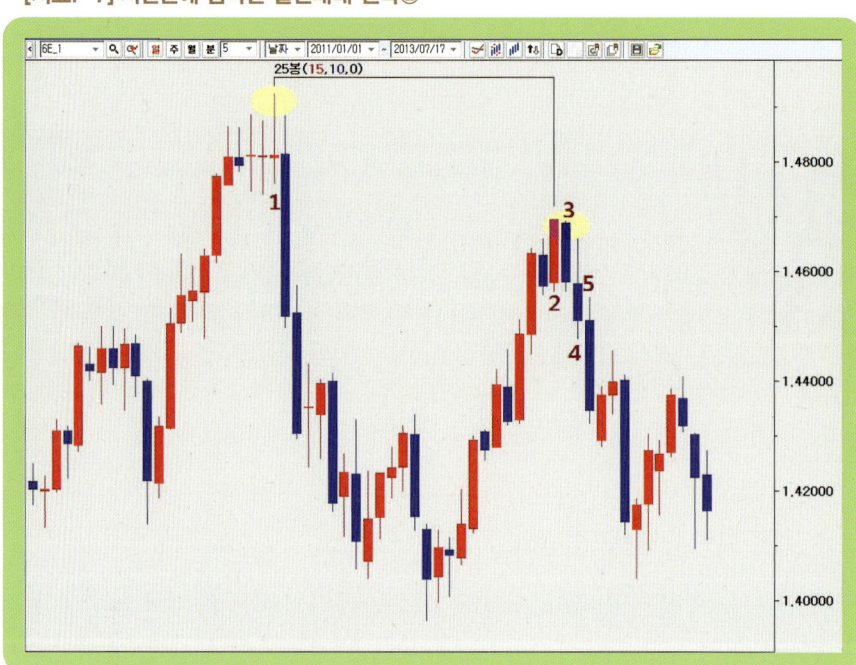

1번 캔들을 기준으로 25개의 변곡일이 생긴 상황에서 순수한 시간론에 의한 차트를 해석해 보자.

2번 캔들: 1번 캔들에서 25일째 되는 날이다. 1번 캔들에서 고점을 형성하고 하락파동 이후 재상승 파동이 진행되고 있는 상황에서 내일이면 26일로 상승 파동이 마무리 될 가능성이 있다.

3번 캔들: 당일은 26일 되는 변곡일이다. 오늘이 지나야 변곡일을 확신 할 수 있다. 오늘 전일 캔들(2번)대비 고점이 같거나 고점을 갱신해야 변곡일로의 신뢰도가 높다. 종가 기준으로 2번 캔들의 고점을 돌파하지는 못하였지만 2번 캔들을 음봉으로 감싸는 하락반전형 패턴의 캔들이 나왔다. 이번 파동은 25개의 캔들로써 마무리 되었다고 볼 수 있다.

　4번 캔들: 당일은 3번 캔들의 중심선에서 매도로 진입하고 손절라인은 2번 캔들의 고점보다 20틱 위로 설정한다.

　5번 캔들: 매도 포지션을 전저점까지 유지한다.

[자료7-8] 시간론에 입각한 실전매매 전략③

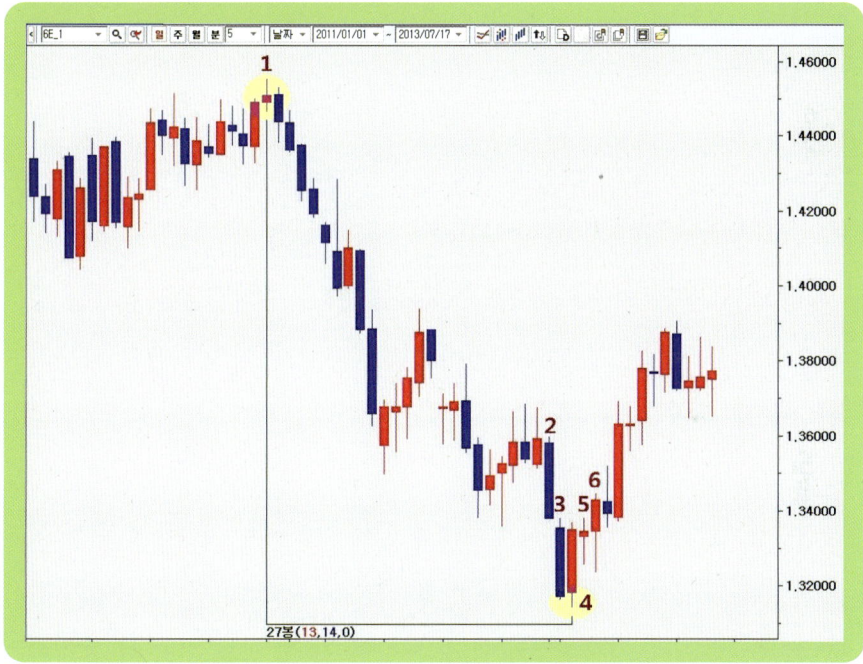

　1번 캔들을 기준으로 27개의 변곡일이 생긴 상황에서 순수한 시간론에 의한 차트를 해석해 보자.

　2번 캔들: 1번 캔들에서 25일째 되는 날이다. 1번 캔들에서 고점을 형성하고 하락파동이 진행되고 있는 상황에서 내일이면 26일로써 하락파동이 마무리 될 가능성이 있다.

3번 캔들: 당일은 26일 되는 변곡일이다. 하지만 섣불리 매수로 진입할 수는 없다. 적어도 오늘이 지나야 변곡일을 확신할 수 있다. 다음날 오늘의 저점을 깨지 않아야 된다.

4번 캔들: 어제의 저점을 깼지만 종가 기준으로 3번 캔들을 양봉으로 감싸는 상승반전형 패턴의 캔들이 나왔다. 이번 하락 파동은 27개의 변곡일 가능성이 높다. 하지만 3번 캔들이 26개 변곡일이었고 어제의 저점을 당일 깬 상태이므로 섣불리 시간론에만 치중하여 현 상황을 상승반전으로 판단 할 순 없다.

5번 캔들: 당일은 4번 캔들의 중심선 부근에서 매수로 진입한다. 손절라인은 4번 캔들의 저점보다 20틱 아래로 설정한다. 종가 기준으로 요주의캔들로 마무리 되었고, 4번 캔들의 중심선 위에서 종가가 형성되었다. 27개의 변곡일 가능성이 매우 높아졌다.

6번 캔들: 종가 기준으로 전일 캔들(5번)인 요주의캔들을 감싸는 양봉으로 마무리 되었으므로 이번 하락 파동은 27개의 변곡으로 마무리된 것으로 볼 수 있다. 매수포지션은 유지한다.

필자는 일목균형표라는 보조지표를 통해 기준선과 시간론을 취사 선택하였다. 수많은 시행착오와 분석을 통해 나름대로의 전략 수립방법을 발전시켰는데, 독자 여러분에게 도움이 될 지 모르겠다. 이 장에서 언급한 방법을 잘 검증해 보고 여러분들도 유효성이 있다고 판단하면 활용하면 될 것이다. 아니면 자신만의 방법을 도출해보기 위한 노력을 기울여도 좋다.

PART 08

각종 보조지표를
적절히 활용하라

power note

chapter 01
우선 각 보조지표의 원리를 이해해야 한다

    외환거래에 막 입문을 하거나 아직은 수익을 내지 못하는 초보자들은 보조지표에 너무 치중하여 거래에 임하는 경우가 많다. 보조지표에만 의존하는 거래는 매우 위험하다. 각종 보조지표들은 캔들과 거래량을 근거로 만들어지는 후행성 지표이다. 그러므로 메이저들이 인위적으로 보조지표들의 신호들을 만들어 낼 수도 있다. 보조지표를 맹신해서는 안 되는 이유이다.

    말 그대로 보조지표는 보조적 역할을 하는 지표이기 때문에 거래에 있어 보조적으로만 활용해야 한다. 또한 현존해 있는 보조지표들 중 완성도가 높아 100% 신뢰할 수 있는 지표는 존재하지 않는다. 보조지표를 만든 사람은 캔들과 시세의 시가, 종가, 고가, 저가, 고가와 저가의 중심선, 시가와 종가의 중심선 등의 데이터를 근거로 하여 목적에 따라 다양한 방식으로 데이터를 분석하고 계산하여 보조지표를 만든다.

    이를 실전에 적용하여 검증 된 보조지표들이 HTS에 탑재되어 현재 일반인들에게 보편적으로 사용된다. 그리고 지금 이 시간에도 지구 어디에선가는 수많은 사람들이 새로운 보조지표들을 만들고 있다. 따라서 보조지표를 사용하는 트레이더는 사용할 보조지표가 어떤 목적으로 만들어졌으며, 어떠한 데이터를 가지고 어떠한 계산방식으로 만들어졌고 어떻게 활용해야 되는지를 정확하게 이해하고 사용을 하여야 된다.

하지만 대부분의 개인 트레이더들은 카페나 블로그 또는 다른 사람이 어떤 보조지표들을 어떤 값으로 설정해서 사용했더니 수익이 났더라고 하면 원리도 모른 채 부푼 마음으로 무작정 따라서 사용한다. 그러나 얼마 안가서 손실이 나면 본인에게 안 맞는다고 생각하고 그 보조지표를 폐기처분 하는 경우가 다반사다.

우리가 보조지표를 사용하는 주된 이유는 매매타임을 재확인하기 위함이다. 그렇기 때문에 앞에서 배운 여러 가지 기술적분석 도구를 통해서 매수시점과 매도시점을 파악하는데 있어 보조적 역할로만 사용해야 된다. 각종 보조지표의 지표값이나, 몇몇 보조지표들의 조합이 마치 황금조합인 양, 자신만의 전매특허인 양 떠벌려서도 안 되고 무조건적인 맹신은 절대금물이다.

memo

chapter 02
보조지표를 어떻게 활용할 것인가

[자료8-1] 보조지표의 분류

보조지표는 크게 네 부류로 나뉘어 진다. 각 부류의 대표적인 지표에 대한 계산원리와 활용방법에 대해서 알아보도록 하자.

1) 이동평균선은 일봉차트에서만 참고하라

[자료8-2] 이동평균선이 설정된 유로화의 일봉차트

이동평균선의 계산원리는 일정기간동안 시세의 평균값을 구한 후 이를 선으로 연결하는 것이다. 예를 들어 5일 이동평균선이라 함은 일봉차트상 캔들 5개의 종가를 각각 더한 값을 5로 나눈 값이다.

일반적으로 5일 이동평균선은 '심리선'이라고 하며, 20일 이동평균선은 '생명선' 또는 '세력선'이라고 한다. 60일 이동평균선은 '수급선'이라 하는데 추세를 판단하는데 주로 활용하며, 120일 이동평균선은 방어선이라고 한다. 또한 일반적으로 단기 이동평균선이 장기 이동평균선을 아래에서 위로 상향 돌파하는 골드크로스가 나타나면 매수 신호로 보고, 단기 이동평균선이 장기 이동평균선을 위에서 아래로 하향 돌파하는 데드크로스가 나타나면 매도 신호로 본다.

하지만 시장 가격의 일정기간 평균선인 이동평균선은 외환시장의 특수성으로 인해 신뢰도가 떨어지기 때문에 필자는 일봉차트에서만 참고용으로 활용한다. 60일 이동평균선을 기준으로 60일 이동평균선 위로 캔들이 올라타면 매수 관점으로 보고, 60일 이동평균선 아래로 캔들이 하향 돌파되면 매도 관점으로 보는 정도로 활용하고 있다.

2) 일목균형표의 지지와 저항대를 참고하라

일목균형표의 각종 선들의 계산원리이다.

> · 기준선 = (최근 26일간의 최고치 + 최저치)/2
> · 전환선 = (최근 9일간의 최고치 + 최저치)/2
> · 후행스팬 = 그날의 종가를 26일 후행시킨 선
> · 선행스팬 1 = (기준선 + 전환선)/2를 26일 선행(앞으로) 시킨 선
> · 선행스팬 2 = (최근 52일간의 최고치 + 최저치)/2를 26일 선행(앞으로) 시킨 선

전환선이 기준선 위에 있으면 매수 관점으로, 전환선이 기준선 밑에 있으면 매도 관점으로 본다. 기준선이 상승추세를 유지하고 있을 때, 후행스팬이 주가를 상향 돌파하면 강세장으로 전환될 확률이 높다. 이때 후행스팬이 주가를 완전히 상향 돌파하지 못하고 재차 하락세로 반전되면 시장은 강한 약세장으로 지속될 가능성이 있다.

또한 후행스팬이 주가를 하향 돌파하면 매도 시점으로 인식하고 하

[자료8-3] 일목균형표가 설정된 유로화의 일봉차트

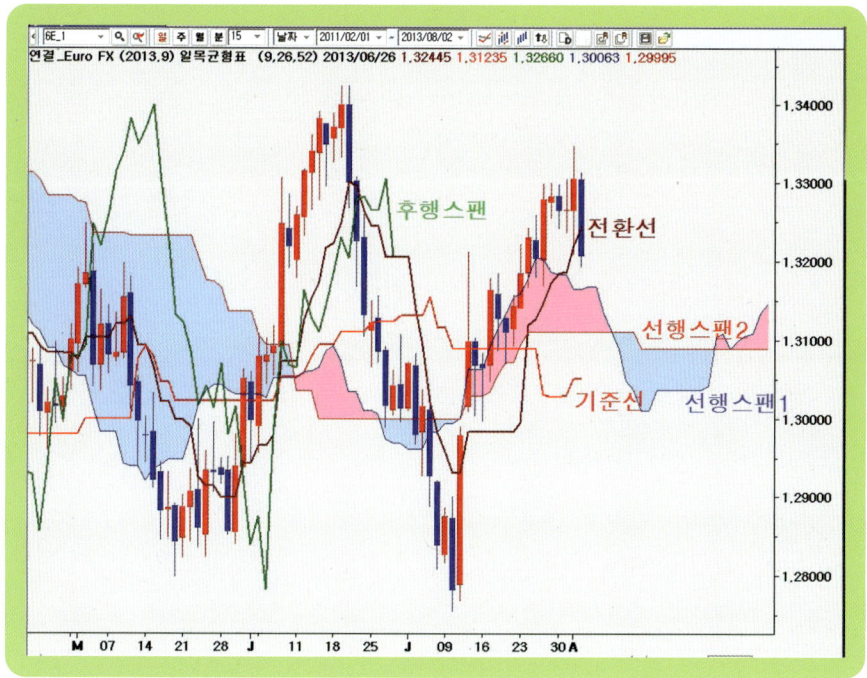

락하던 후행스팬이 주가를 완전히 하향 돌파하지 못하고 다시 상승할 경우 향후 시장은 더욱 강세장이 될 가능성이 높다. 선행스팬1과 2의 사이를 '구름대'라고 하는데 '구름대'는 상승국면에서는 지지의 역할을 하고, 하락국면에서는 저항의 역할을 한다. 구름대의 두께는 지지나 저항세력의 강도와 비례하는 경향이 있다.

3) RSI는 추세의 강도를 나타내는 보조지표이다

RSI는 시장가격의 변동폭 중에서 상승폭이 어느 정도인지를 분석하여, 현재의 시장가격이 상승세라면 얼마나 강력한 상승추세인지, 하락세라면 얼마나 강력한 하락추세인지를 백분율(Percentage)로 나타낸 것이다. 추세의 강도를 표시하여 주므로 향후 추세 전환시점 예측을 가능하게 한다.

> 계산원리는
>
> RSI = 100 - 100/(1+RS)
>
> RS = n일간 종가평균 상승폭 / n일간 종가평균 하락폭

필자의 경우 설정 값은 10일을 사용하며, 1시간 캔들과 4시간 캔들에서 주로 사용한다. RSI는 추세선과 직전저점, 직전고점, 그리고 다이버전스(Divergence)를 지표에 활용하며 향후 추세를 예측하는데 도움이 된다. 또한 일반적으로 RSI의 값이 70 이상이면 과매수 상태로 판단하여 매도시점으로 생각하고, 30 이하이면 과매도 상태로 생각되어 매수 시점으로 판단한다. 그렇지만 이렇게 기준선을 두어 추세를 판단하는 것은 추세가 강함에도 불구하고 미리 추세의 반대 포지션을 진입하는 실수를 할 수도 있다.

RSI는 직전고점이나 직전저점을 기준으로 파동의 추세를 판단하여 대응하는 것이 좋다. 예를 들어 상승 추세로 보이고 있을 때 RSI의 값이 직전 고점을 돌파하지 못하고 하락하다가 상승 추세선을 하향 돌파하는 순간이 매도시점이 되며, 반대로 하락 추세를 보이고 있을 때 RSI의 값이 직전 저점 수준을 돌파하지 못하고 상승하다가 하락 추세선을 상향 돌파하는 순간이 매수시점이 된다.

[자료8-4] RSI의 매매활용법①

　[자료8-4]에서 직전고점에서는 관망하고 있다가 상승 추세선을 하향 이탈 하는 것을 확인하고 매도 시점으로 인식한다. 만약 진입후 직전고점을 상향 돌파하면 손절한다. 이후에 직전저점에서 계속 지지를 받으며 진행하던 중 하락 추세선을 상향 돌파 되는 시점을 매수시점으로 인식하고 진입후 직전저점을 하향 이탈하면 손절한다.

[자료8-5] RSI의 매매활용법②

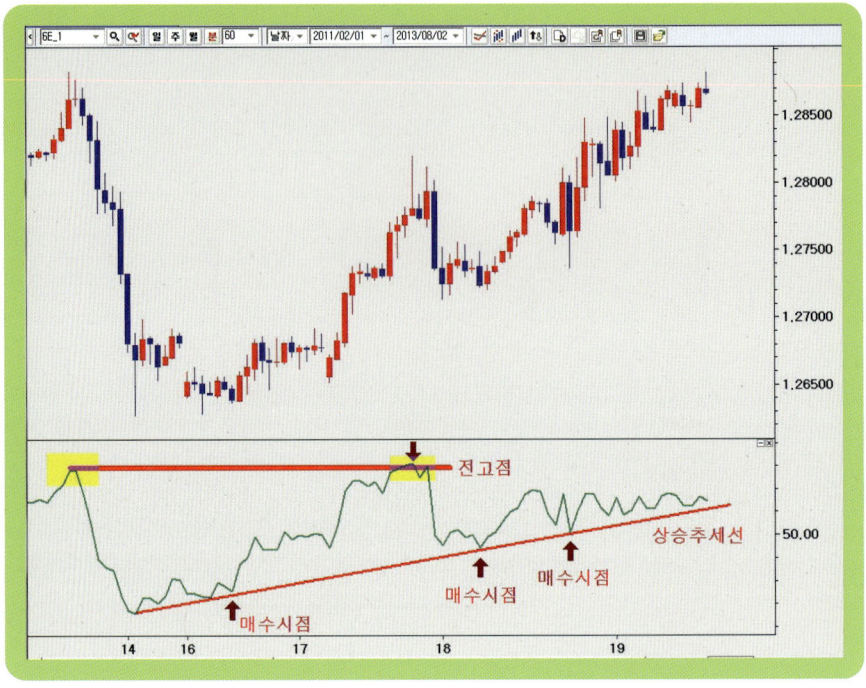

　　[자료8-5]에서 직전 고점을 돌파하지 못하고 상승 추세선의 지지를 받으며 상승하고 있다. 직전고점에서는 매수를 자제하고 현재의 파동이 상승추세이므로 기다렸다가 상승추세선 부근에 왔을 때 매수시점로 대응한다. 역시 상승 추세선을 하향 이탈하면 손절한다.

memo

[자료8-6] RSI의 매매활용법③

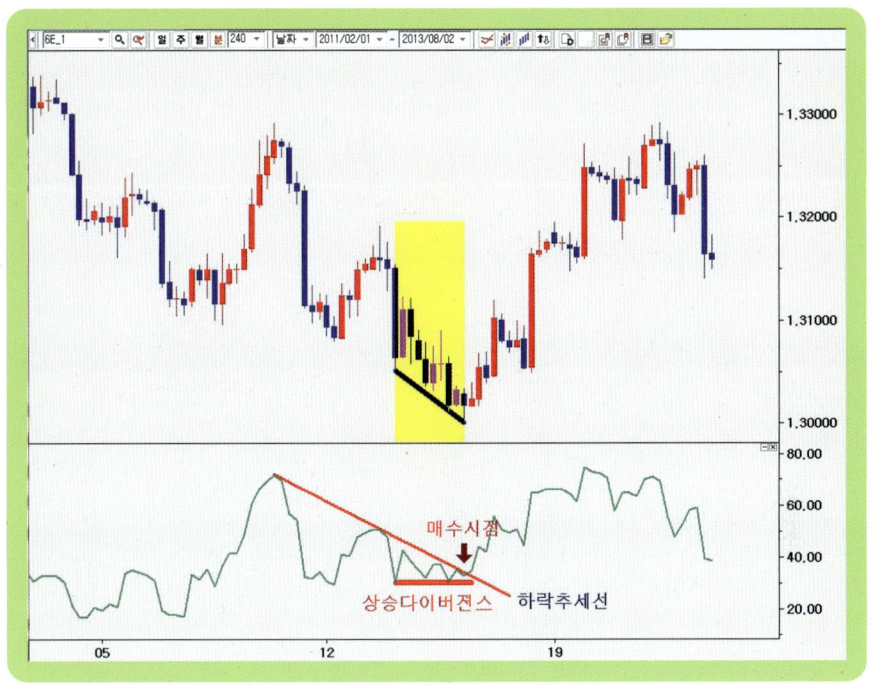

　[자료8-6]은 유로화의 4시간차트이다. 가격은 신저점을 갱신하는데 RSI는 수평을 이루는 상승 다이버젼스가 발생하였다. 이때는 RSI의 하락추세선을 상향 돌파 되는 지점이 매수타임이 된다.

[자료8-7] RSI의 매매활용법④

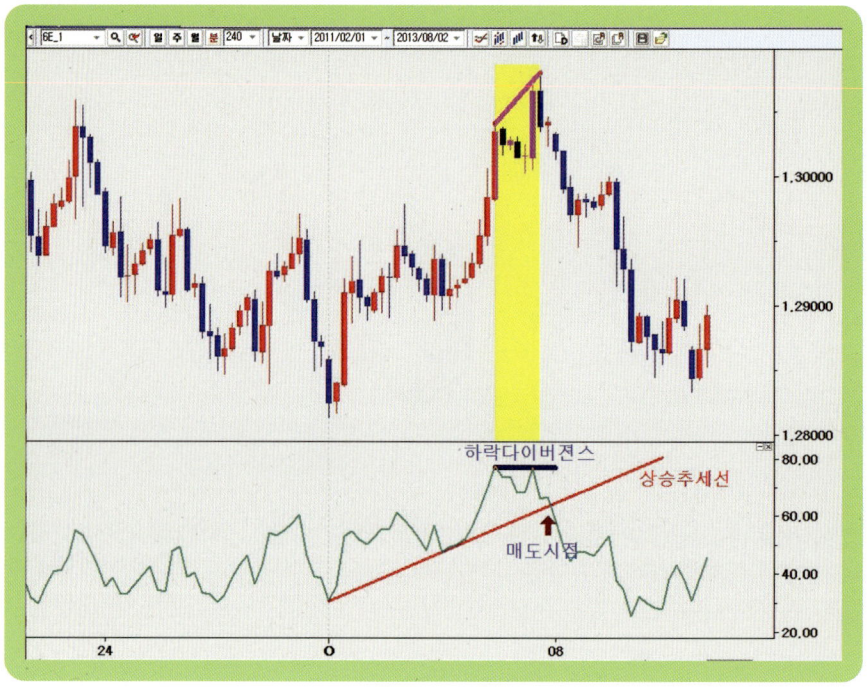

　[자료8-7]의 유로화의 4시간차트에서 가격은 신고점을 갱신하는데 RSI는 수평을 이루는 하락 다이버젼스가 발생하였다. 이때는 RSI의 상승추세선을 하향돌파 하는 지점이 매도타임이 된다.

4) 스토캐스틱(Stochastics)은 횡보장에서 유용하다

　스토캐스틱은 적용기간 중에 움직인 가격 범위에서 %K와 %D를 비교 분석하여 오늘의 시장가격이 상대적으로 어디에 위치하고 있는지를 알려주는 지표로써, 시장가격이 상승추세에 있다면 현재가격은 최고가 부근에 위치할 가능성이 높고, 하락추세에 있다면 현재가는 최저가 부근에서 형성될 가능성이 높다는 것에 착안하여 만들어진 지표이다.

계산원리는

① Stochastics Fast 계산식

%K={(당일종가 − 최근 n일 동안의 최저가)/

(최근 n일 동안의 최고가 − 최근 n일 동안의 최저가)}×100

%D= %K를 n일간 지수이동 평균한 값

② Stochastics Slow 계산식

K={(당일종가 − 최근 n일 동안의 최저가)/

(최근 n일 동안의 최고가 − 최근 n일 동안의 최저가)}×100

%K= K를 n일간 지수이동 평균한 값

%D= %K를 n일간 지수이동 평균한 값

필자의 경우 Fast %K는 10, Slow %K는 5, Slow %D는 5로 설정하며 주로 4시간차트에서 사용하지만, 강한 추세장에서 스토캐스틱은 잘못된 신호를 제공하는 단점이 있으므로 가급적 비추세장에서 활용한다. 스토캐스틱은 %K와 %D의 크로스 그리고 다이버젼스(Divergence)를 지표에 활용한다.

memo

[자료8-8] Stochastics의 활용법①

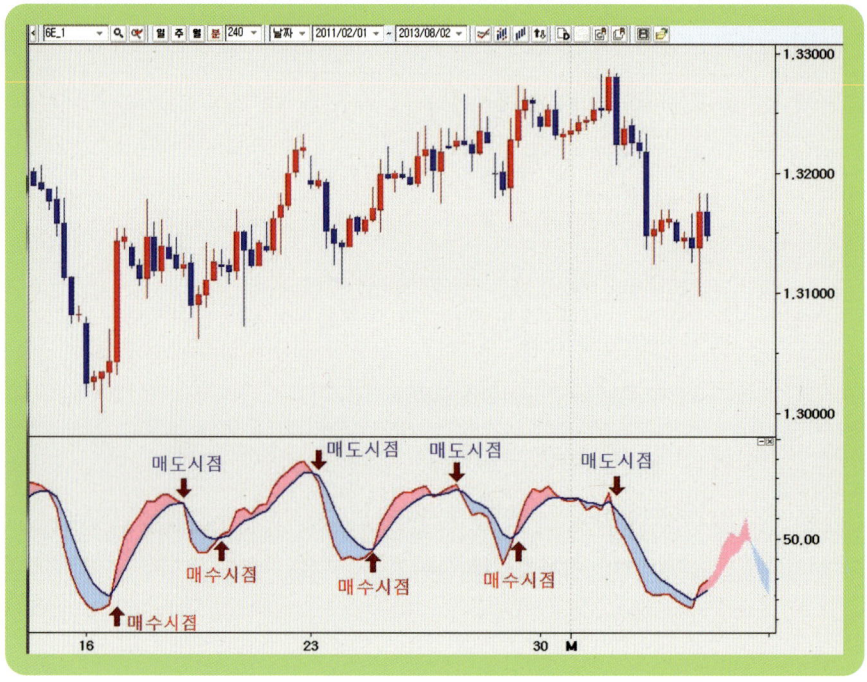

유로화의 4시간차트이다. 스토캐스틱의 값이 직전 고점을 돌파하지 못하고 하락하다가 %K가 %D을 하향 돌파하는 데드크로스 순간이 매도시점이 되며, 반대로 스토캐스틱의 값이 직전 저점 수준을 돌파하지 못하고 상승하다가 %K가 %D을 상향 돌파하는 골드크로스 순간이 매수시점이 된다.

memo

[자료8-9] Stochastics의 활용법②

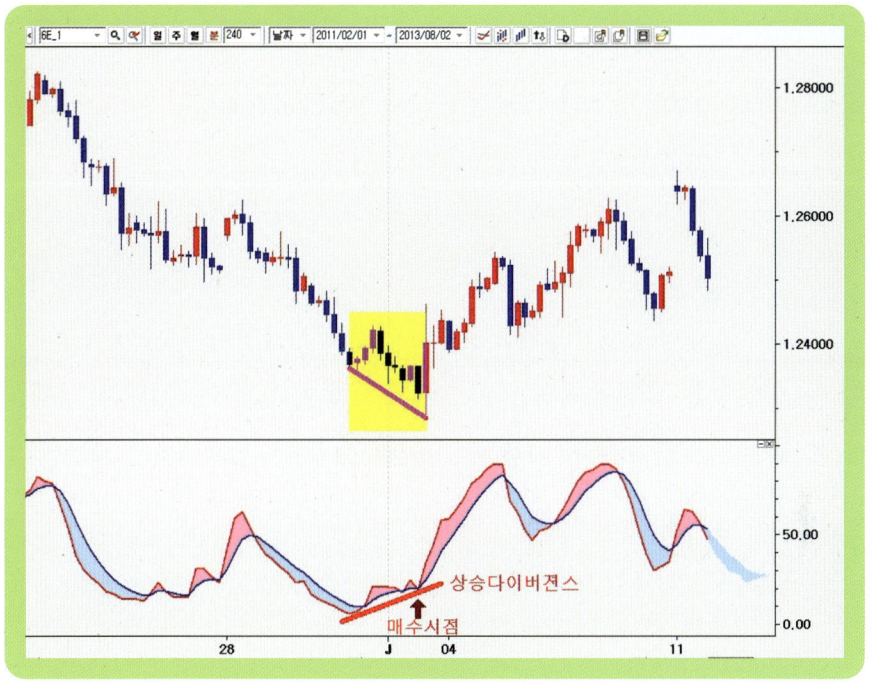

유로화의 4시간차트에서 가격은 우하향으로 계속 신저점을 갱신하지만 스토캐스틱은 우상향으로 올라가는 상승다이버젼스가 발생하였다. 이때는 %K가 %D을 상향 돌파하는 골드크로스 순간이 매수시점이 된다.

5) MACD의 다이버젼스 현상을 주목하라

MACD는 단기지수 이동평균값과 장기지수 이동평균값의 차이를 이용한 지표이다. 이 지표는 두 이동평균선이 멀어지게 되면 다시 가까워지려고 하는 속성을 이용한다. 두 개의 이동평균선의 차이가 제일 큰 시점을 찾아내는데 주력하는 기법이다.

> 계산원리는
>
> MACD곡선 = 단기 지수이동평균 – 장기 지수이동평균
>
> Signal곡선 = n일의 MACD 지수이동평균

　일반적으로 단기 이동평균으로 12일을, 장기이동평균으로 26일을 이용하고, MACD의 9일 이동평균선을 Signal로 사용한다. MACD 곡선이 Signal 곡선을 상향 돌파하는 골드크로스 할 때가 매수시점이며, 하향 돌파하는 데드클로스 할 때를 매도시점으로 본다. 또한 MACD 값이 0선을 상향 돌파 할 때를 매수시점으로, 하향돌파 할 때를 매도시점으로 본다.

　MACD가 급격한 상승이나 하락을 보일 때 시장가격이 지나치게 상승, 하락된 것으로 보며 가격도 곧 원래 자리로 되돌아 올 확률이 높다고 분석한다. 또한 다이버젼스(Divergence)를 이용한 분석도 가능하다. 다이버젼스(Divergence)분석은 과매도, 과매수 국면에서 나타나면 더욱 신뢰도가 높다.

memo

[자료8-10] MACD를 활용한 매매방법①

　　MACD곡선이 Signal곡선을 데드크로스 이후 하향 돌파된 상태에서 기준선 0선을 하향 돌파하는 시점이 매도시점이며, MACD곡선이 Signal곡선을 골드크로스 이후 상향 돌파 된 상태에서 기준선 0선을 상향 돌파하는 시점이 매수시점이다.

memo

[자료8-11] MACD를 활용한 매매방법②

유로화의 60분차트에서 가격은 신저점을 갱신하는데 MACD는 수평을 이루는 상승다이버젼스가 발생하였다. 이때는 MACD곡선이 Signal 곡선을 상향 돌파하는 골드크로스시점이 매수타임이 된다.

6) CCI는 강한 추세장에서만 활용하라

최근 가격이 평균 가격의 이동평균과 얼마나 떨어져 있는가를 표시하여 추세의 강도와 방향을 나타내주는 지표이다.

계산원리는
CCI = (X-Y)/ (Z * 0.015)
단, X: (고가+저가+종가)/3 Y: X의 n일 단순 이동평균값 Z: ΣI(X-Y)I / n

CCI가 상승추세일 때 양(+)의 방향으로 진행하고 CCI가 하락추세일 때 음(-)의 방향으로 진행한다. 지표값의 절대값이 클수록 추세는 강하고 절대값이 작을수록 추세는 약하다고 할 수 있다. CCI가 0보다 큰 값일 때에 시장은 상승추세이며, 0보다 작은 값을 가질 때는 하락추세로 판단 할 수 있다. CCI는 오실레이터가 -100범위 아래로 하락하면 신규 매도는 자제하고 매수를 고려하다가 -100선을 상향 돌파 시에 매수하며, +100범위 위로 상승하면 신규매수는 자제하고 매도를 고려하다가 +100선을 하향 돌파 시에 매도한다.

CCI가 0을 넘어서면 상승세로 보아 매수신호로 간주하고, 0 아래로 내려가면 하락세를 보일 것으로 보고 매도신호로 간주한다. 그러나 횡보장세에는 적용하지 않고, 강한 추세를 보일 때만 적용한다. 또한 가격이 이전의 고가수준보다 상승하고 있음에도 불구하고 CCI가 하락할 때는 분기(다이버젼스)현상으로 추세반전을 암시한다.

[자료8-12] CCI를 활용한 매매방법

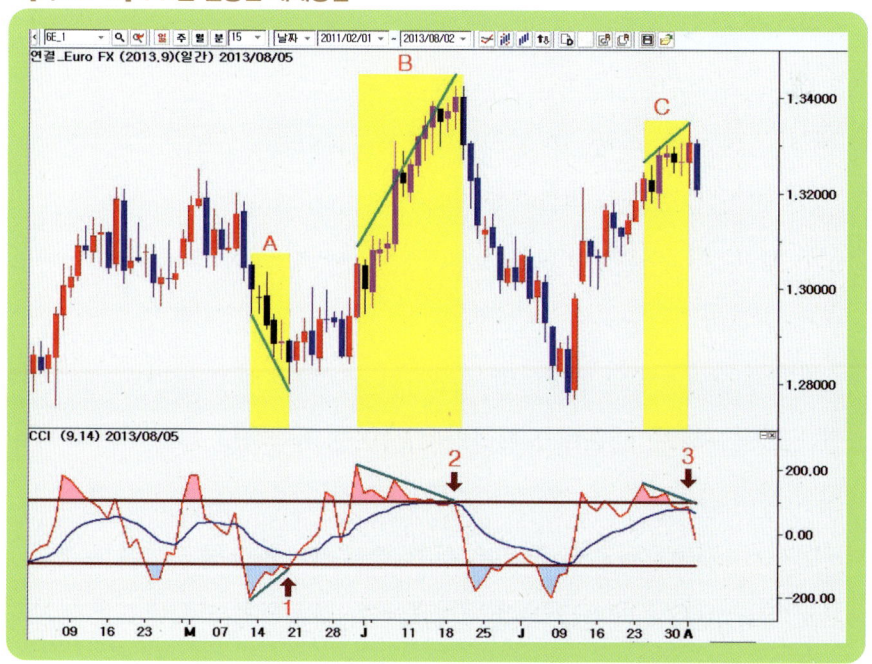

[자료8-12] 차트에서 A구간의 가격은 우하향으로 계속 신저점을 갱신하지만, CCI는 우상향으로 올라가는 상승다이버젼스가 발생하였다. 그럼 기준선-100선을 상향 돌파되는 1번 지점에서 매수로 진입한다. B와 C구간은 가격은 우상향으로 신고점을 갱신하지만 CCI는 우하향으로 내려가는 하락다이버젼스가 발생하였다. 여기서는 기준선 100선을 하향 돌파되는 2, 3번 지점에서 매도로 진입한다.

7) 볼린져밴드는 확장 및 축소국면을 판단하는데 활용하자

Bollinger Bands의 상·하한선은 표준 편차에 의해 산출된 이동평균값이며, 주가나 지수의 움직임이 큰 시기에는 Bands의 폭이 넓어지고, 움직임이 작은 시기에는 Bands의 폭이 좁아지는 특성을 가지고 있다. 따라서 가격 움직임의 크기에 따라 밴드의 넓이가 결정된다.

> 계산원리는
>
> 중간밴드 n일 단순이동평균
>
> 상향밴드 = n일 단순이동평균 + 2 × 표준편차
>
> 하향밴드 = n일 단순이동평균 − 2 × 표준편차
>
> 기본설정값은 20일이다.

주가가 상위밴드에 도달하면 매도시점, 하위밴드에 도달하면 매수시점으로 인식하지만, 추세가 형성되지 않으면 가격 변동성이 작아져 밴드의 폭이 좁아지므로 매매하기가 곤란해진다는 단점도 있다. 주가가 중심선 위에 위치하고 있을 경우 상위밴드는 저항선, 중심선은 지지선으로 작용하며, 주가가 중심선 아래에 있는 경우에는 하위밴드가 지지선 역할을 하며 중심선이 저항선으로 작용한다.

[자료8-13] 볼린져밴드가 설정된 차트

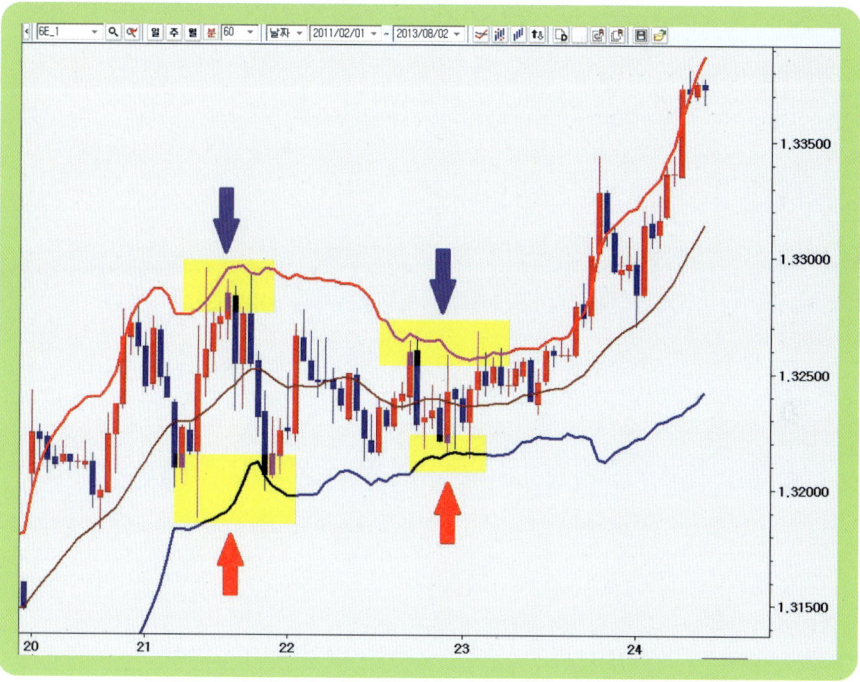

확률적 통계로 보면 Bollinger Bands상 이탈할 확률은 4.56%에 불과하며 Bollinger Bands 내부에 있을 확률이 95.44%로 계산된다. 하지만 가격이 Bollinger Bands의 범위 안에서 존재 할 확률이 높을뿐, Bollinger Bands상단에 도달했다고 하여 반드시 하락하고, Bollinger Bands하단에 도달 했다고 하여 반드시 상승하는 것은 아니다.

8) Envelope는 가격이 급등락할 때 신뢰도가 높다

Envelope는 주가의 이동평균선에서 일정비율만큼 더한 선을 위에 그리고, 일정비율만큼 뺀 선을 아래에 그린 것이다. Envelope와 Bollinger Band의 차이점은 Bollinger Band는 가격의 움직임에 의해 폭이 확대 또는 축소되는 특성을 가지고 있으나, Envelope는 그 폭이 이격률의 설정값에 의해 항상 일정하다는 점에서 차이가 있다. Envelope의 가장 큰 장점은 급등락 시 매우 확률이 높은 지표라는 것이다.

> 계산원리는
>
> 기준선 : n일의 단순/지수이동평균
>
> 상한선 : (n일 단순/지수이동평균) ×(1+비율)
>
> 하한선 : (n일 단순/지수이동평균) × (1−비율)

필자의 경우 기본설정값은 이동평균기간은 20일, 비율은 3%이다. 일봉차트에만 적용한다.

[자료8-14] Envelope이 설정된 유로화의 일봉차트

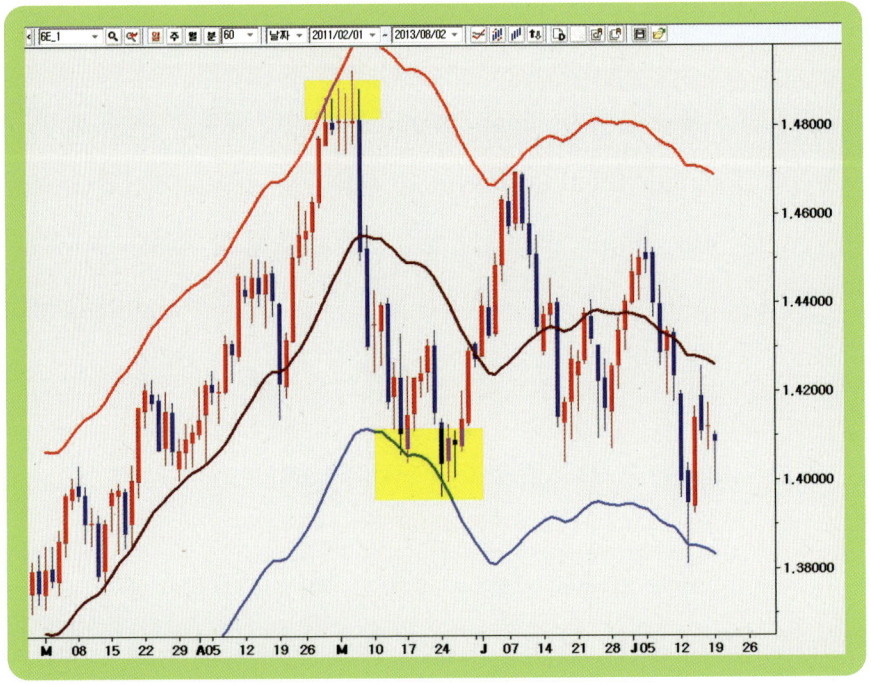

상한선을 저항선으로 매도시점으로 인식하고, 하한선을 지지선으로 매수시점으로 인식한다.

이상으로 필자가 이용을 하고 있고, 이용을 해 본 경험이 있는 보조지표들을 중심으로 그 계산원리와 활용방법을 간략하게 살펴보았다. 이 밖에도 수많은 보조지표들이 있지만 자신에게 맞는 보조지표를 발견하는 것은 독자들의 몫이다. 다만 보조지표는 말 그대로 보조적 지표이기 때문에 먼저 자신의 원칙을 정립하는 것에 주력을 했으면 좋겠다. 정립 후 원칙을 실행하는데 있어 특정 보조지표를 이용하면 편리한 면이 발견될 때 이용을 해도 늦지 않으니 기본적인 자신만의 원칙을 먼저 정립을 하라.

memo

memo

PART 09

시장상황에 따른
실전매매 방법을 살펴보자

power note

실전매매는 60분봉 차트를 중심으로 하였으며, 순수한 기술적분석만을 토대로 동경외환시장부터 런던외환시장마감까지를 기준으로 작성되었고 오버나잇(Over night) 없는 데이트레이딩 위주로 설명을 하겠다.

[유로화 : 2012년 6월 1일~ 6월 18일]

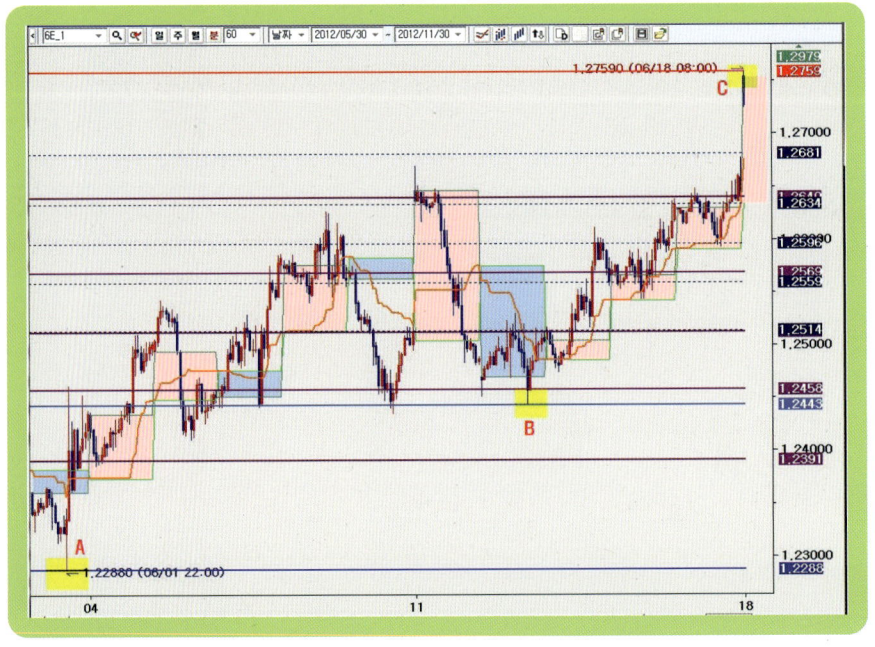

차트는 2012년 6월 1일부터 6월18일 개장시의 유로화의 60분봉차트이다. 로그선은 저점이 1.2286인 A와 고점은 1.2759인 C의 중기로그선(보라색)과 저점이 1.2443인 B와 고점은 1.2759인 C의 단기로그선(점선)으로 설정하였고 현재 상승파동이 진행중이다.

[유로화 : 2012년 6월 18일]

6월18일 월요일 유로는 개장과 동시에 갭상승하여 1.2759의 신고점을 찍은 상황이다. 시가 위를 돌파하지 못하고 당일 먼데이갭이 발생한 상태이므로 매수는 자제한 상태에서 관망중이다.

1번: 단기로그선 1.2681 아래로 완성봉 성립하고 26일기준선 아래로 돌파되어 매도 준비하였으나 다음 캔들의 조정이 미약하여 미체결.

2번: 중기로그선 1.2640 아래로 완성봉 성립.

3번: 중기로그선 1.2640 부근에서 매도진입(중기로그선 1.2640 위로 완성봉 시 손절 조건)

4번: 요주의캔들 출현.

5번: 4번 요주의캔들 출현으로 단기로그선 1.2596 일부 청산하였으나, 단기로그선 1.2596 아래로 완성봉 성립하여 나머지 포지션 유지.

6번: 요주의캔들 출현.

7번: 6번 요주의캔들 출현으로 중기로그선 1.2596 부근 일괄 청산. 당일 거래는 마감.

[유로화 : 2012년 6월 19일]

1번: 시가위에 위치이고, 단기로그선 1.2596 위로 완성봉 성립.

2번: 로그선 1.2596 부근 매수진입(단기로그선 1.2596 아래로 완성봉 되면 손절 조건). 요주의캔들 출현하여 주의. 신규 매수진입 자제.

3번: 요주의캔들 출현.

4번: 3번 요주의캔들의 종가 아래에서 마감한 음봉 출현.

5번: 4번 캔들의 시가와 종가의 중심선인 1.2620에서 매수포지션 일괄 청산.

6번: 요주의캔들 출현으로 관망.

7번: 요주의캔들 출현으로 관망.

8번: 7번 요주의캔들의 종가 위에서 마감한 양봉 출현. 하지만 단기로그선 1.2634 위로 완성봉이 안된 상태이므로 매수는 자제.

9번: 26일기준선 위로 완성봉 성립.

10번: 단기, 중기로그선 위로 완성봉 성립.

11번: 조정 없이 급등하여 매수 미체결. 단기로그선 1.2681 위로 완성봉 성립.

12번: 단기로그선 1.2681 부근 매수진입(단기로그선 1.2681 아래로 완성봉 시 손절 조건).

13번: 요주의캔들 출현.

14번: 13번 요주의캔들 출현으로 12번 캔들 고점부근에서 일괄 청산. 당일 거래는 마감.

[유로화 : 2012년 6월 20일]

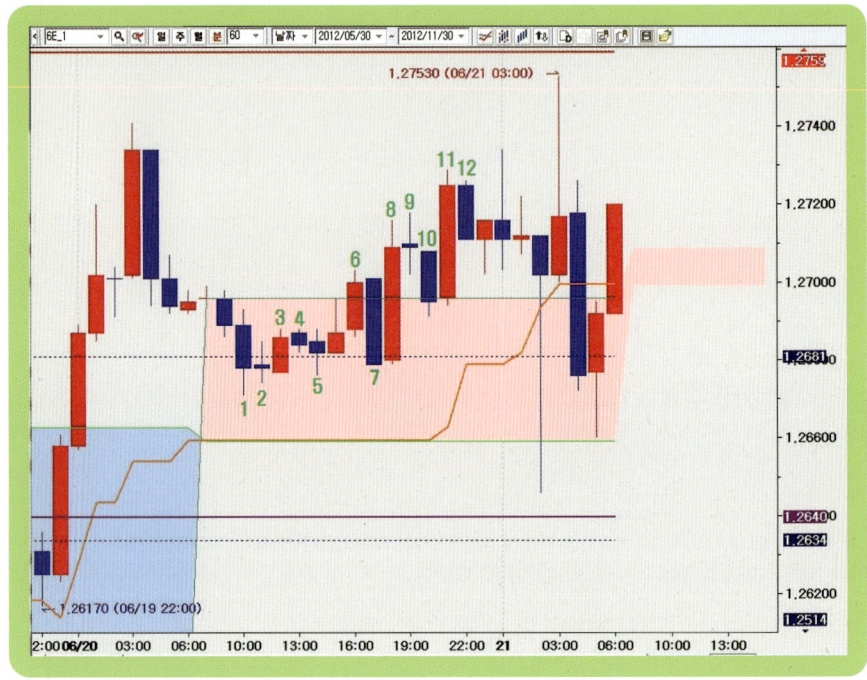

1번: 단기로그선 1.2681 아래로 완성봉 성립.

2번: 단기로그선 1.2681 매도진입(단기로그선 1.2681 위로 완성봉 시 손절 조건). 요주의캔들 출현.

3번: 단기로그선 1.2681 위로 완성봉 성립.

4번: 매도포지션 손절. 단기로그선 1.2681 부근에서 매수진입(단기로그선 1.2681 아래로 완성봉 시 손절 조건)

5번: 요주의캔들 출현. 신규진입 자제

6번: 당일시가에서 매수포지션 일부 청산 후 진입자리에 손절 설정.

7번: STOP처리된 후 당일 시가와 단기로그선 1.2681 아래로 완성봉 성립.

8번: 단기로그선 1.2681에서 매도진입(단기로그선 1.2681 위로 완성봉 시 손절 조건)하였으나, 당일 시가와 단기로그선 1.2681 위로 완성봉 성립.

9번: 매도포지션 시가에서 손절 시도하였으나. 조정이 미약하여 포지션 유지중 요주의캔들 출현.

10번: 9번 캔들 고점보다 2틱 위에 손절라인 설정 후 시가에서 매도포지션 일괄 손절. 시가 아래에서 완성봉 성립.

11번: 10번 캔들에서 시가 아래로 완성봉 되었으므로 매수 자제. 단기로그선 1.2681 위에 있으므로 관망. 그 이후 장대양봉 출현.

12번: 시가부근에서 매수준비중이나 매수 미체결로 당일 거래마감.

[유로화 : 2012년 6월 21일]

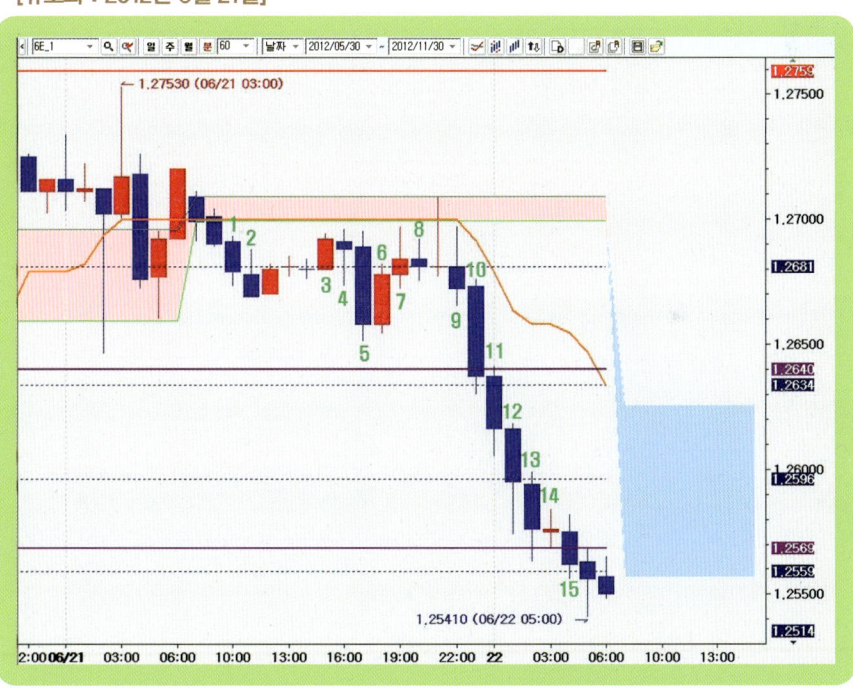

1번: NS존 아래이며, 단기로그선 1.2681 아래에서 완성봉 성립.

2번: 단기로그선 1.2681 부근에서 매도진입.

3번: 단기로그선 1.2681 위로 완성봉 성립.

4번: 매도포지션 진입가에서 일괄 청산.

5번: 단기로그선 1.2681 아래에서 완성봉 성립.

6번: 단기로그선 1.2681 부근에서 매도진입.

7번: 단기로그선 1.2681 위로 완성봉 성립.

8번: 매도포지션 진입가에서 일괄 청산.

9번: 단기로그선 1.2681 아래에서 완성봉 성립.

10번: 단기로그선 1.2681 부근에서 매도진입하려 했으나 미체결된 후 중기로그선 1.2640 아래로 완성봉 성립.

11번: 중기로그선 1.2640 부근에서 매도진입(중기로그선 1.2640 위로 완성봉 시 손절 조건).

12번: 단기로그선 1.2596 아래에서 완성봉 성립. 매도포지션 유지(단기로그선 1.2596 위로 완성봉 시 손절 조건).

13번: 당일 유로의 변동폭이 고점대비 100틱 이상이므로 중기로그선 1.2569 부근에서 매도포지션 일부 청산 후 포지션유지.

14번: 요주의캔들 출현.

15번: 전저점부근에서 매도포지션 일괄 청산.

당일 거래마감.

[유로화 : 2012년 6월 29일 ~ 7월 30일]

차트는 2012년 6월 29일부터 7월 30일 개장 시의 유로화 60분봉차트이다. 로그선은 고점이 1.2703인 A와 저점은 1.2051인 B의 하락파동의 중기로그선(보라색)과 저점이 1.2051인 B와 고점은 1.2397인 C의 상승파동의 단기로그선(점선)으로 설정하였다.

memo

[유로화 : 2012년 7월 30일]

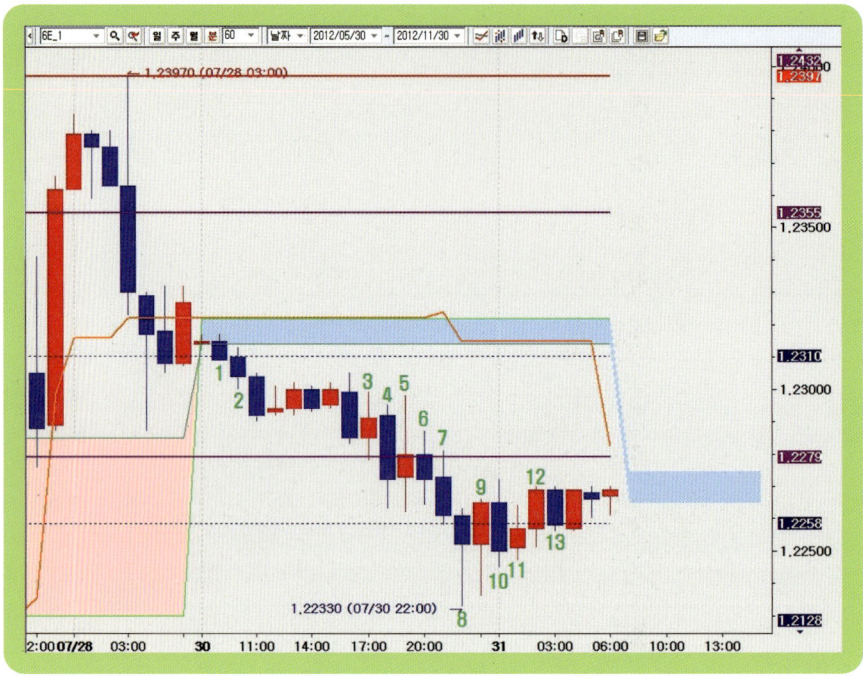

1번: NS존 하향 돌파. 단기로그선 1.2310 아래로 완성봉 성립.

2번: 단기로그선 1.2310에서 매도진입(단기로그선 1.2310 위로 완성봉 되면 손절 조건).

3번: 중기로그선 1.2279에서 매도포지션 일부 청산 후 포지션유지.

4번: 중기로그선 1.2279 아래로 완성봉 성립. 매도포지션 유지.

5번: 중기로그선 1.2279 위로 완성봉 성립.

6번: 중기로그선 1.2279에서 매도포지션 일괄 청산. 중기로그선 1.2279 아래로 완성봉 성립.

7번: 중기로그선 1.2279에서 매도진입(중기로그선 1.2279 위로 완성봉 시 손절 조건).

8번: 단기로그선 1.2258 아래로 완성봉 성립. 매도포지션 유지.

9번: 단기로그선 1.2258 위로 완성봉 성립. 8번 캔들의 시가 위에서 종가인 양봉 출현하여 추세반전 패턴으로 인식.

10번: 매도포지션 단기로그선 1.2258에서 일괄 청산. 단기로그선 1.2258 아래로 완성봉 성립.

11번: 단기로그선 1.2258에서 매도진입(중기로그선 1.2258 위로 완성봉 시 손절조건).

12번: 단기로그선 1.2258 위로 완성봉 성립

13번: 단기로그선 1.2258에서 매도포지션 일괄 청산.

당일 거래마감.

[유로화 : 2012년 7월 31일]

1번: NS존 상향 돌파. 중기로그선 1.2279 위로 완성봉 성립.

2번: 중기로그선 1.2279 매수진입(중기로그선 1.2279 아래로 완성봉 시 손절 조건).

3번: 중기로그선 1.2279 아래로 완성봉 성립.

4번: 당일저점보다 5틱 아래 손절 설정 후 중기로그선 1.2279에서 매수포지션 일괄 청산. NS존 하단이 돌파되지 않았으므로 매도자제. 요주의캔들 출현.

6번: NS존 상향 돌파. 중기로그선 1.2279 위로 완성봉 성립.

7번: 요주의캔들 출현. 관망.

8번: 요주의캔들 출현. 관망.

9번: 단기로그선 1.2310 위로 완성봉 성립.

10번: 요주의캔들 출현. 관망.

11번: 10번 요주의캔들의 종가 아래에서 마감한 음봉 출현하여 추세반전 패턴으로 인식하고 매수진입은 안하고, 단기로그선 1.2310 아래로 완성봉 시 매도진입 가능. 이후 완성봉 실패하여 당일 거래마감.

[유로화 : 2012년 8월 1일]

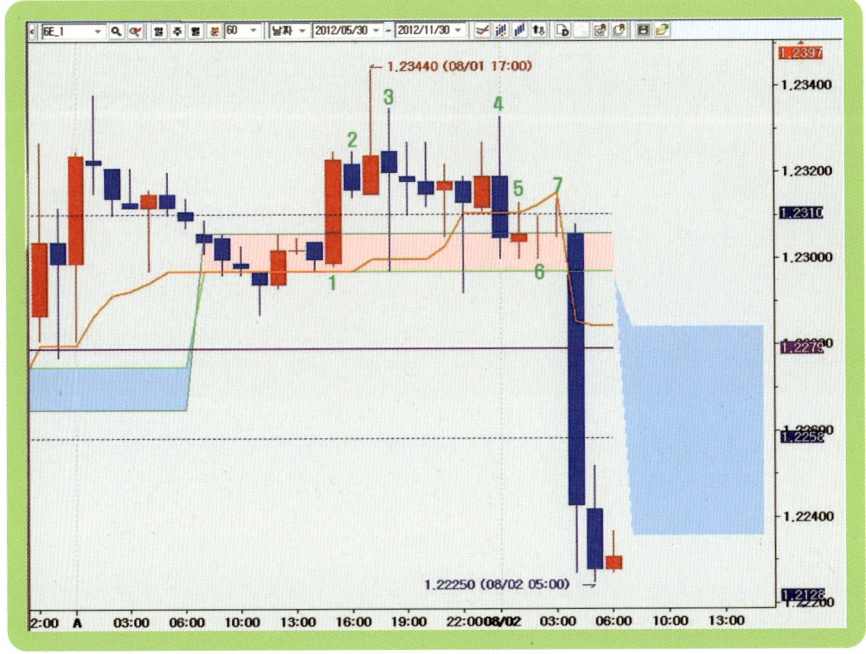

1번: NS존 상향 돌파. 단기로그선 1.2310 위로 완성봉 성립.

2번: 단기로그선 1.2310 부근에서 매수진입 시도하였으나, 미체결.

3번: 단기로그선 1.2310 매수진입(단기로그선 1.2310 아래로 완성봉 시 손절 조건).

4번: 26일기준선과 단기로그선 1.2310 아래로 완성봉 성립.

5번: 단기로그선 1.2310에서 매수포지션 일괄 청산 후 매도진입(단기로그선 1.2310 위로 완성봉 시 손절 조건).

6번: 요주의캔들 출현.

7번: 런던장 마감되어 진입가에서 매도포지션 일괄 청산.

당일 거래마감.

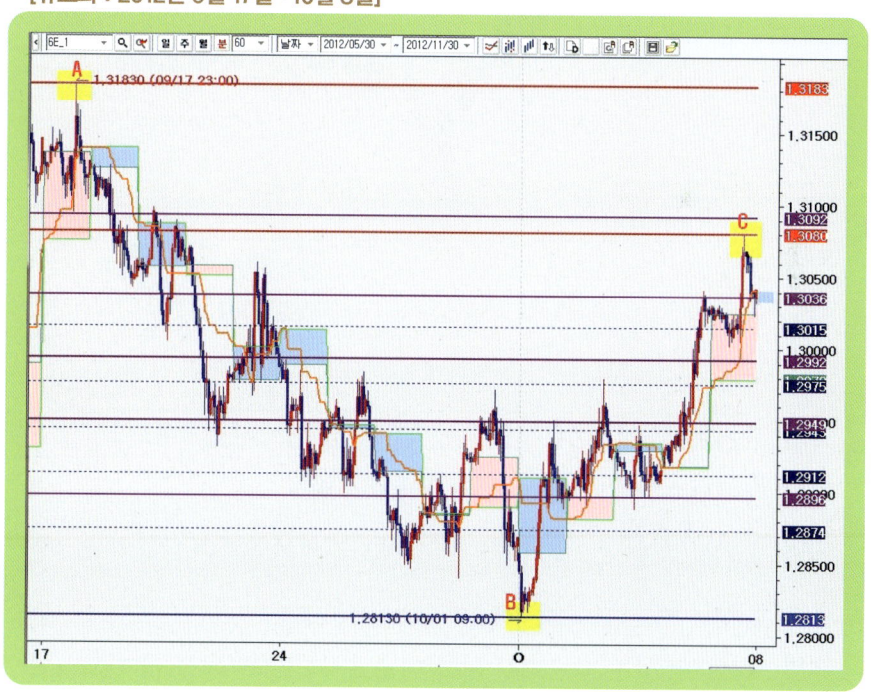

2012년 9월 17일부터 10월 8일 개장시 유로화의 60분봉차트이다. 로

그선은 고점이 1.3183인 A와 저점은 1.2813인 B의 하락파동의 중기로 그선(보라색)과 저점이 1.2813인 B와 고점은 1.3080인 C의 상승파동의 단기로그선(점선)으로 설정하였다.

[유로화 : 2012년 10월 8일]

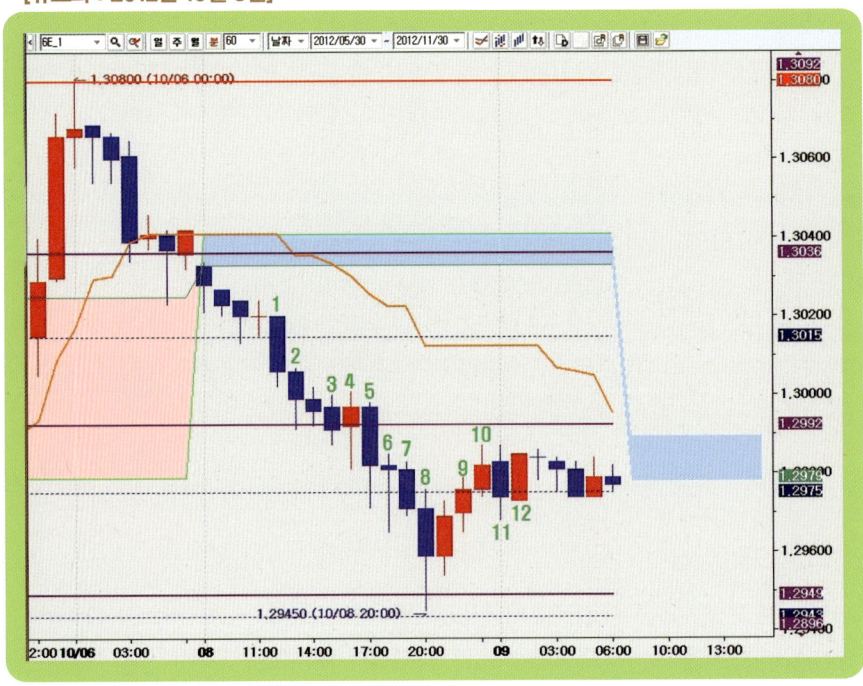

1번: NS존 아래이며, 단기로그선 1.3015 아래로 완성봉 성립.

2번: 단기로그선 1.3015 부근에서 매도진입 시도하였으나, 미체결.

3번: 중기로그선 1.2992 아래로 완성봉 성립.

4번: 중기로그선 1.2992부근에서 매도진입하였으나, 중기로그선 1.2992 위로 완성봉 성립.

5번: 중기로그선 1.2992 부근에서 매도포지션 일괄 청산. 중기로그선 1.2992 아래로 완성봉 성립.

6번: 중기로그선 1.2992 부근에서 매도진입 시도하였으나, 미체결.

7번: 단기로그선 1.2975 아래로 완성봉 성립.

8번: 단기로그선 1.2975 부근에서 매도진입(단기로그선 1.2975 위로 완성봉 시 손절 조건)하여 중기로그선 1.2949에서 일부 청산 후 포지션유지.

9번: 단기로그선 1.2975 위로 완성봉 성립.

10번: 매도포지션 단기로그선 1.2975에서 일괄 청산 후 매수진입(단기로그선 1.2975 아래로 완성봉 시 손절 조건).

11번: 단기로그선 1.2975 아래로 완성봉 성립.

12번: 매수포지션 단기로그선 1.2975에서 일괄 청산.
당일 거래마감.

[유로화 : 2012년 10월 9일]

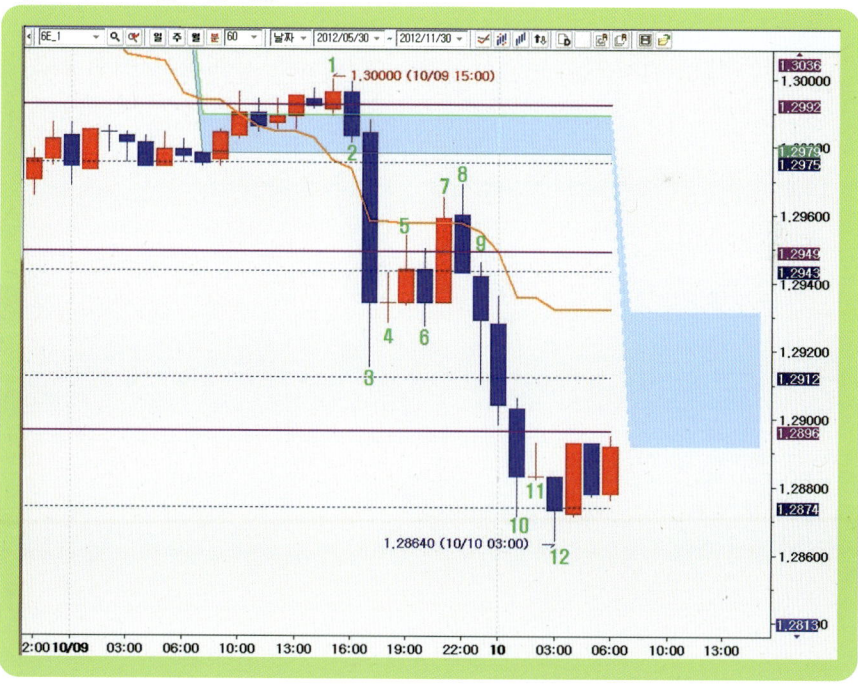

1번: NS존 위에 위치하였고, 중기로그선 1.2992 위로 완성봉 성립.

2번: 중기로그선 1.2992 부근에서 매수진입하였으나, 중기로그선 1.2992 아래로 완성봉 성립.

3번: 당일 저점보다 5틱 아래 손절 설정 후 NS존 상단부근에서 매수 포지션 손절 후, 단기로그선 1.2943 아래로 완성봉 성립.

4번: 단기로그선 1.2943에서 매도진입(중기로그선 1.2949 위로 완성봉 시 손절조건). 요주의캔들 출현.

7번: 중기로그선 1.2949 위로 완성봉 성립.

8번: 중기로그선 1.2949에서 매도포지션 일괄 청산 후, 1.2949에서 매수진입하였으나, 단기로그선 1.2943 아래로 완성봉 성립.

9번: 매수포지션 8번 캔들의 고점보다 2틱 위에 손절설정하고 단기로그선 1.2943에서 일괄 청산 후, 1.2943에서 매도진입(중기로그선 1.2943 위로 완성봉 시 손절 조건).

10번: 매도포지션 중기로그선 1.2896에서 일부 청산 후 포지션유지.

11번: 요주의캔들 출현.

12번: 매도포지션 단기로그선 1.2874에서 일괄 청산.

당일 거래마감.

memo

[유로화 : 2012년 10월 10일]

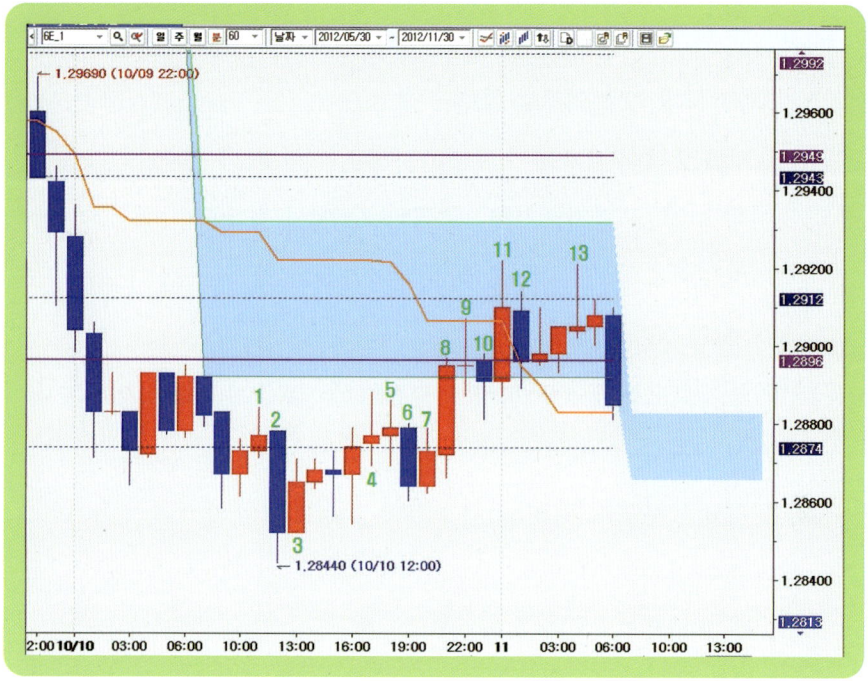

1번: 단기로그선 1.2874 위로 완성봉이 성립되었으나, NS존 아래에 위치하였으므로 매수는 자제.

2번: 단기로그선 1.2874 아래로 완성봉 성립.

3번: 단기로그선 1.2874 부근에서 매도진입(단기로그선 1.2874 위로 완성봉 시 손절 조건).

4번: 단기로그선 1.2874 위로 완성봉 성립.

5번: 매도포지션 단기로그선 1.2874에서 일괄 청산. NS존 아래에 위치하였으므로 매수는 자제.

6번: 단기로그선 1.2874 아래로 완성봉 성립.

7번: 단기로그선 1.2874 부근에서 매도진입(단기로그선 1.2874 위로 완성봉 시 손절 조건).

8번: 시가와 단기로그선 1.2874 위로 완성봉 성립.

9번: 매도포지션 단기로그선 1.2874 부근에서 청산시도하였으나 미체결상태. 요주의캔들 출현.

10번: 매도포지션 시가에서 일부손절. 9번 캔들 고점보다 2틱 위에 손절 설정 후 단기로그선 1.2874 부근에서 청산준비.

11번: 매도포지션 STOP체결 후 26일기준선과 중기로그선 1.2896 위로 완성봉 성립.

12번: 중기로그선 1.2896에서 매수진입(중기로그선 1.2896 아래로 완성봉 시 손절 조건).

13번: 런던장이 마감되어 단기로그선 1.2912에서 매수포지션 일괄 청산.

당일 거래마감.

[유로화 : 2012년 10월 11일]

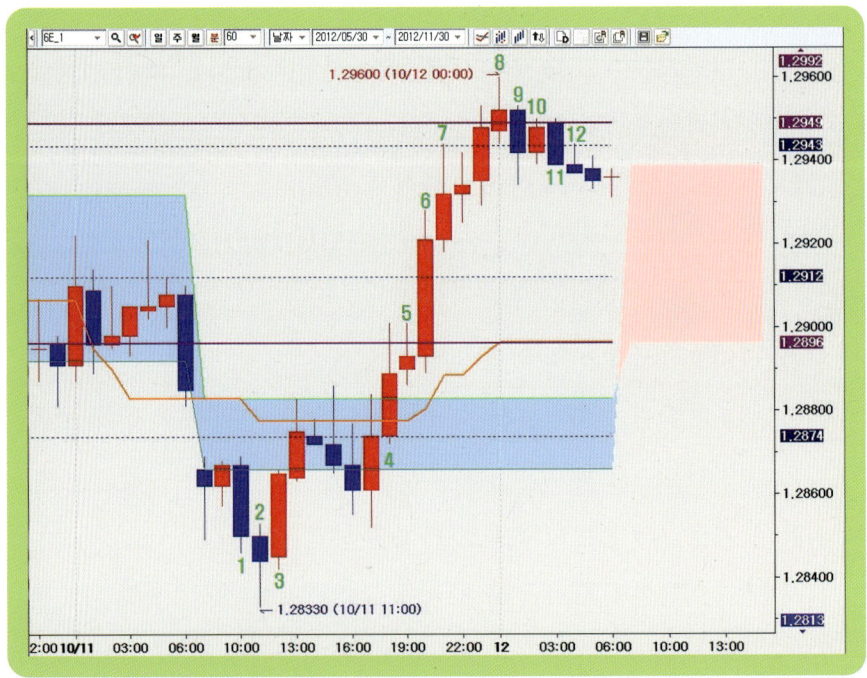

2번: 10월8일 이후 신저점을 갱신 후 요주의캔들 출현.

3번: 요주의캔들의 시가 위에서 종가로 마무리된 양봉출현하여 추세의 반전으로 인식하여 매도는 전저점이 하향돌파되기 전까지는 자제하며, NS존 아래에 위치하여 있으므로 매수 또한 자제하고 관망.

4번: NS존을 상향 돌파하였고, 단기로그선 1.2874 위로 완성봉 성립.

5번: NS존 상단과 단기로그선 1.2874에서 매수진입 시도하였으나 미체결.

6번: 단기로그선 1.2912 위로 완성봉 성립.

7번: 단기로그선 1.2912에서 매수진입 시도하였으나 미체결.

8번: 요주의캔들 출현.

9번: 요주의캔들의 시가 아래에서 종가로 마무리된 음봉 출현하여 추세의 반전으로 인식하고 매수는 자제. 중기로그선 1.2949 아래로 완성봉 성립.

10번: 중기로그선 1.2949에서 매도진입(중기로그선 1.2949 위로 완성봉 시 손절조건).

11번: 단기로그선 1.2943 아래로 완성봉 성립.

12번: 추가 하락할 여지가 있으나 런던장이 마감된 상태이므로 9번 캔들의 저점부근에서 매도포지션 일괄 청산.

당일 거래마감.

[유로화 : 2012년 10월 12일]

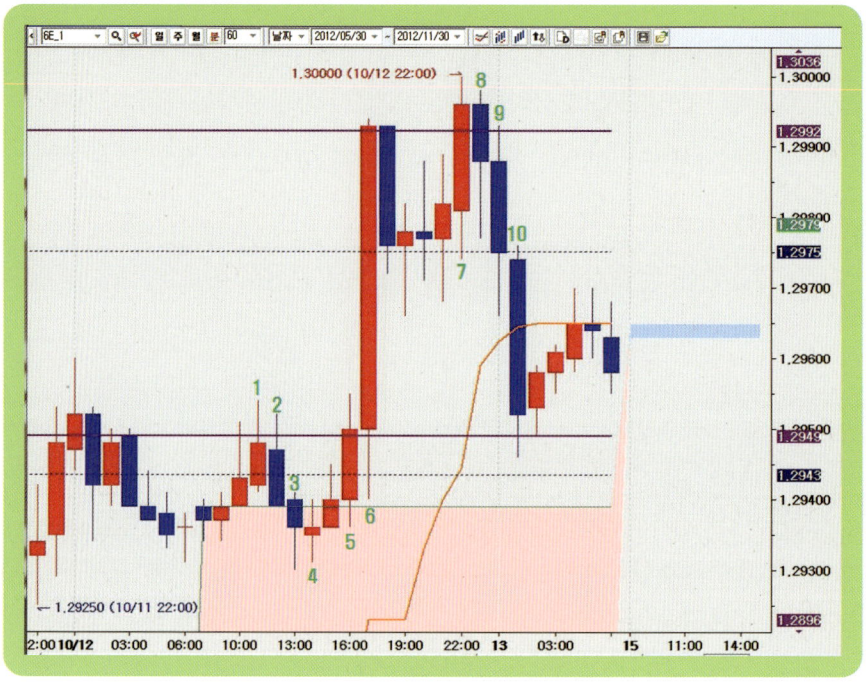

1번: 단기로그선 1.2943 위로 완성봉 성립.

2번: 단기로그선 1.2943에서 매수진입(단기로그선 1.2943 아래로 완성봉 시 손절조건)하였으나, 단기로그선 1.2943 아래로 완성봉 성립.

3번: 단기로그선 1.2943부근에서 매수포지션 청산 시도하였으나 미체결. 시가 아래로 완성봉 성립.

4번: 매수포지션 시가에서 일괄 손절.

5번: NS존위로 상향돌파 되었고, 단기로그선 1.2943 위로 완성봉 성립.

6번: 단기로그선 1.2943에서 매수진입하여, 단기로그선 1.2975에서 일부 청산 후 포지션유지.

7번: 앞에 요주의캔들이 계속 출현하여 중기로그선 1.2992에서 매수포지션 일괄 청산.

8번: 중기로그선 1.2992 아래로 완성봉 성립.

9번: 중기로그선 1.2992에서 매도진입하고 현시세가 NS존 위에 위치하였고 상승추세가 강함으로 전고점보다 5틱 위에 손절라인 설정.

10번: 매도포지션 26일기준선에서 일부 청산 후 중기로그선 1.2949에서 일괄 청산.

당일 거래마감.

[유로화 : 2013년 3월 1일~3월 12일]

차트는 2013년 3월 1일부터 3월 12일 개장시의 유로화 60분봉차트이다. 로그선은 고점이 1.3135인 A와 저점은 1.2955인 B의 로그선(보라색)으로 설정하였고 현재 하락파동이 진행중이다.

[유로화 : 2013년 3월 12일]

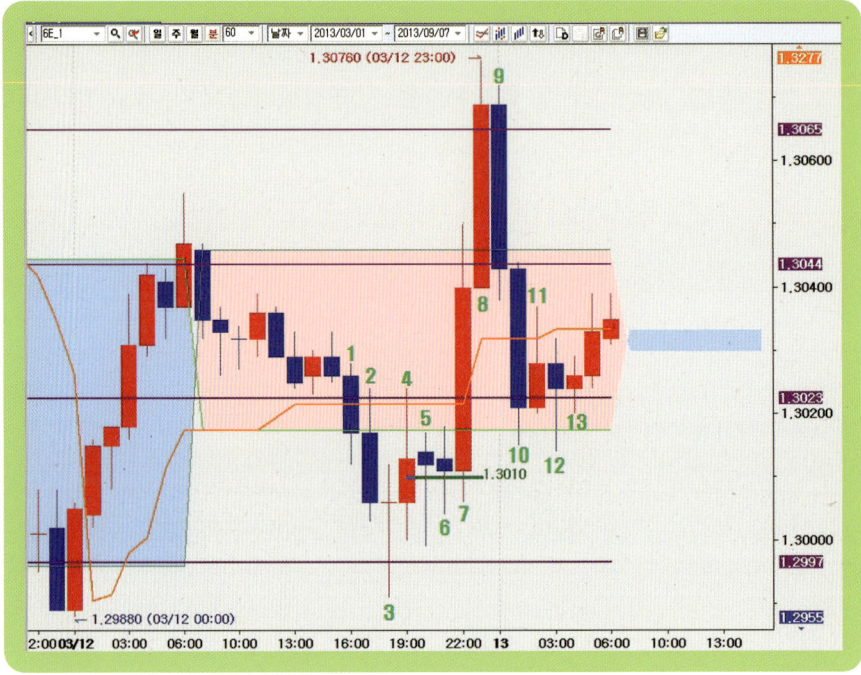

1번: 로그선 1.3023과 26일기준선 아래로 완성봉 성립.

2번: 로그선 1.3023 부근 매도진입(로그선 1.3023 위로 완성봉 시 손절 조건).

3번: 매도포지션 로그선 1.2997에서 일부 청산. 요주의캔들 출현.

4번: 요주의캔들의 시가 위에서 종가인 양봉 출현하여 단기 추세반전 패턴으로 인식.

5번: 4번 캔들의 시가와 종가의 중심선 1.3010에서 매도포지션 일괄 청산 후 매수진입. 3번 캔들의 저점보다 2틱 아래 손절설정.

7번: 매수포지션 NS존 상단선과 로그선 1.3044 부근 일부 청산 후 포지션유지.

8번: 당일시가 돌파. 당일 변동폭이 저점 대비 100틱의 상승이므로 로그선 1.3065에서 매수포지션 일괄 청산.

9번: 로그선 1.3044 아래로 완성봉 성립.

10번: 로그선 1.3044 부근 매도진입(로그선 1.3044 위로 완성봉 시 손절 조건)후 NS존 하단에서 매도포지션 일부 청산.

11번: 로그선 1.3023 위로 완성봉 성립.

12번: 매도포지션 로그선 1.3023 일괄 청산.

당일 거래마감.

[유로화 : 2013년 3월 13일]

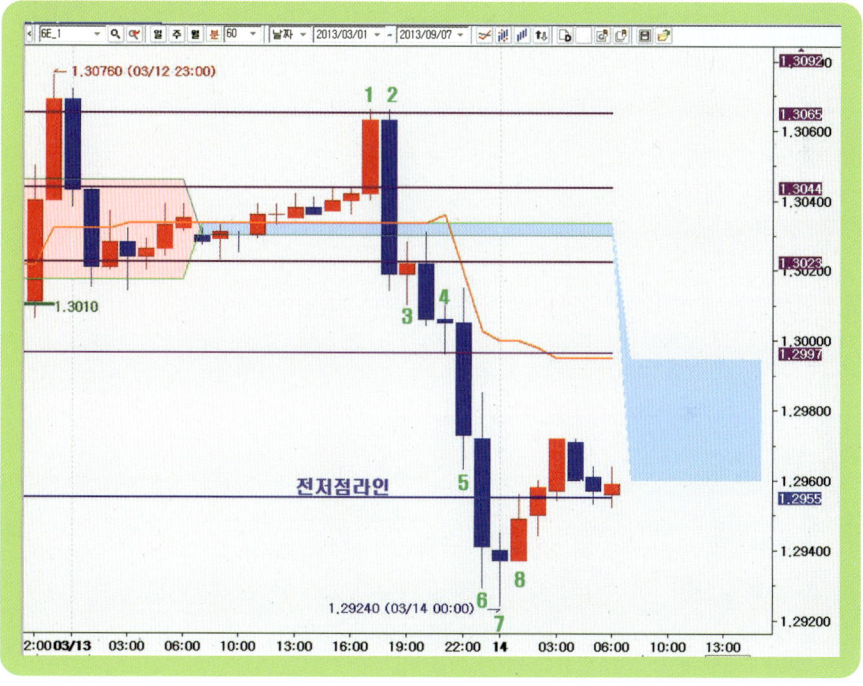

1번: NS존 위에 위치. 로그선 1.3044 위로 완성봉 성립.

2번: 로그선 1.3044 매수진입(로그선 1.3044 아래로 완성봉 시 손절 조건). 로그선 1.3023 아래로 완성봉 성립.

3번: 매수포지션 로그선 1.3023 부근에서 일괄 손절 후 로그선 1.3023 매도진입(로그선 1.3023 위로 완성봉 시 손절 조건).

4번: 요주의캔들 출현.

5번: 4번 요주의캔들로 인하여 매도포지션 로그선 1.2997에서 일부 청산. 로그선 1.2997 아래로 완성봉 성립.

6번: 유로의 당일 변동폭이 고점대비 100틱 이상이므로 전일 저점부근인 1.2955에서 일괄 청산.

7번: 요주의캔들 출현.

8번: 요주의캔들의 시가 위에서 종가인 양봉 출현하여 추세반전 패턴으로 인식한다. 8번 캔들의 시가와 종가의 중심선 1.2943에서 매수진입 가능하나 런던장 마감으로 인하여 당일 거래마감.

[유로화 : 2013년 3월 14일]

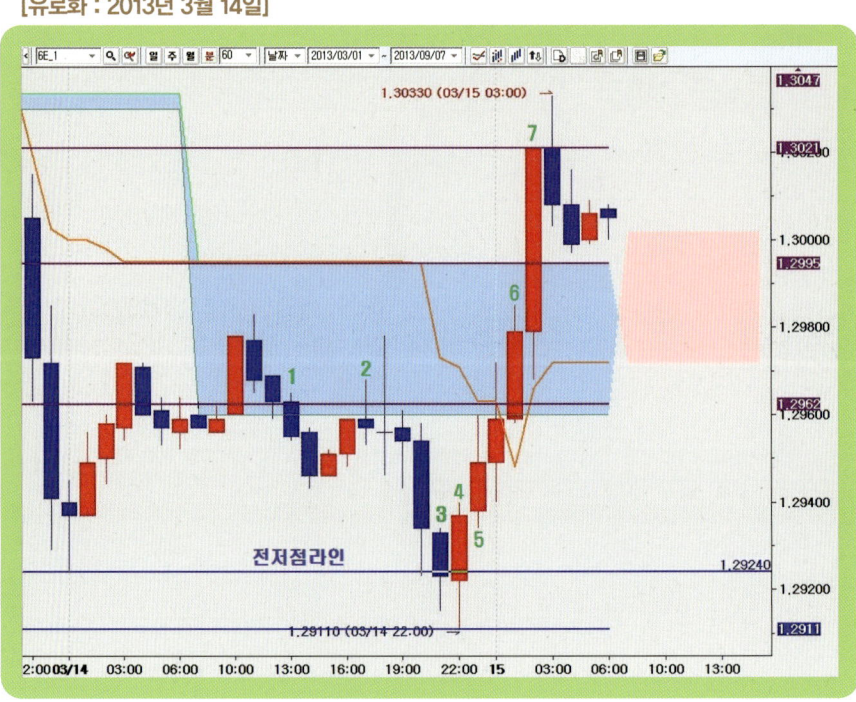

1번: 로그선 1.2962와 NS존 아래로 완성봉 성립.

2번: 로그선 1.2962 매도진입(로그선 1.2962 위로 완성봉 시 손절 조건).

3번: 전일 저점 부근에서 일부 청산 후 포지션유지.

4번: 3번 캔들의 시가 위에서 종가인 양봉 출현하여 추세반전 패턴으로 인식.

5번: 매도포지션 일괄 청산.

6번: 로그선 1.2962 위로 완성봉 성립.

7번: 로그선 1.2962에서 매수진입하려 했으나 바로 상승하여 매수 미체결.

당일 거래마감.

[유로화 : 2013년 3월 15일]

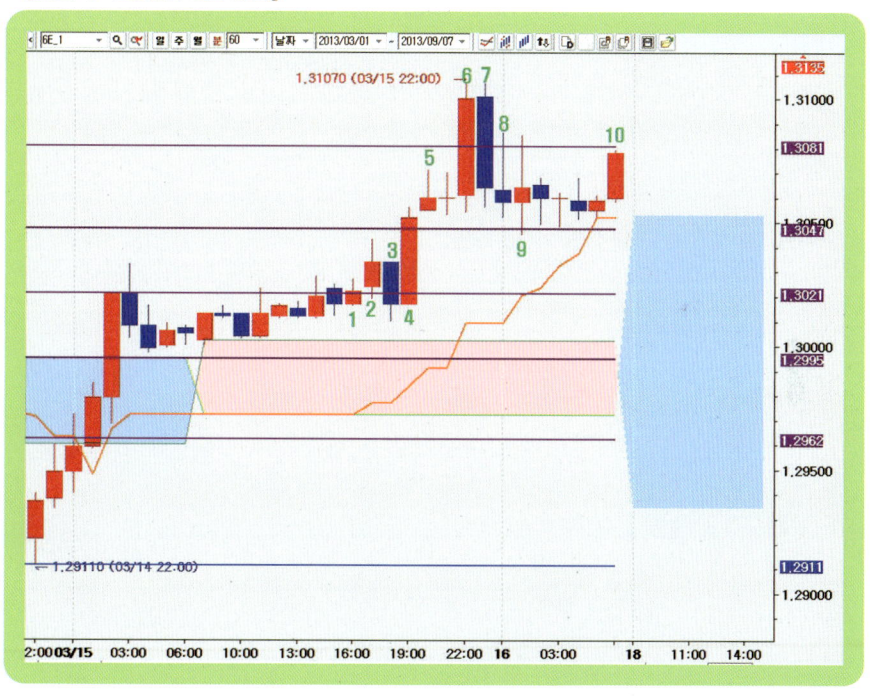

1번: NS존 위에 위치. 로그선 1.3021 위로 완성봉 성립.

2번: 로그선 1.3021에서 매수진입.

3번: 로그선 1.3021 아래로 완성봉 성립.

4번: 당일 저점대비 2틱 아래에 손절 설정 후, 매수포지션 로그선 1.3021에서 일괄 청산. NS존 위에 위치한 상태이며, 26일 기준선이 상승추세이므로 매도는 자제. 로그선 1.3047 위로 완성봉 성립.

5번: 로그선 1.3047 부근에서 매수진입하려 하였으나 바로 상승하여 매수 미체결.

6번: 로그선 1.3081 위로 완성봉 성립.

7번: 로그선 1.3081에서 매수진입하였으나 로그선 1.3081 아래로 완성봉 성립.

8번: 전고점보다 2틱 위에 손절 설정. 로그선 1.3081에서 매수포지션 일괄 청산. 아직 확실한 반전패턴이 발생되지 않았으므로 매도 자제. 로그선 1.3047 아래로 완성봉 성립 시 매도가능.

9번 : 요주의캔들 출현하여 당일 거래마감.

[호주달러화 : 2012년 9월 15일~10월 19일]

차트는 2012년 9월 15일부터 10월 19일 개장시의 호주달러화 60분 봉차트이다. 로그선은 고점이 1.0625인 A와 저점은 1.0089인 B의 하락파동의 중기로그선(보라색)과 저점이 1.0089인 B와 고점은 10363인 C의 상승파동의 단기로그선(점선)으로 설정하였다.

[호주달러화 : 2012년 10월 19일]

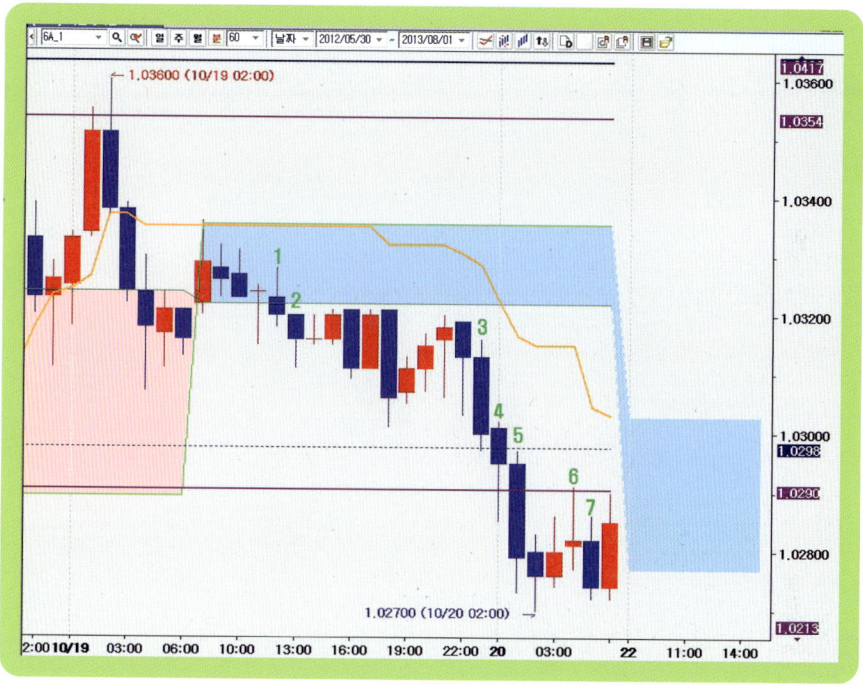

1번: 26일기준선 아래에 위치하였고, NS존 하단선 아래로 완성봉 성립.

2번: NS존 하단선 부근 매도진입.

3번: 단기로그선 1.0298에서 매도포지션 일부 청산.

4번: 단기로그선 1.0298 아래로 완성봉 성립.

5번: 단기로그선 1.0298 부근에서 추가 매도진입(단기로그선 1.0298 위로 완성봉 시 손절 조건).

6번: 요주의캔들 출현.

7번: 직전에 요주의캔들이 출현하였고 금요일 장마무리 시간으로 당일 저점부근에서 매도포지션 일괄 청산.

당일 거래마감

[호주달러화 : 2012년 10월 22일]

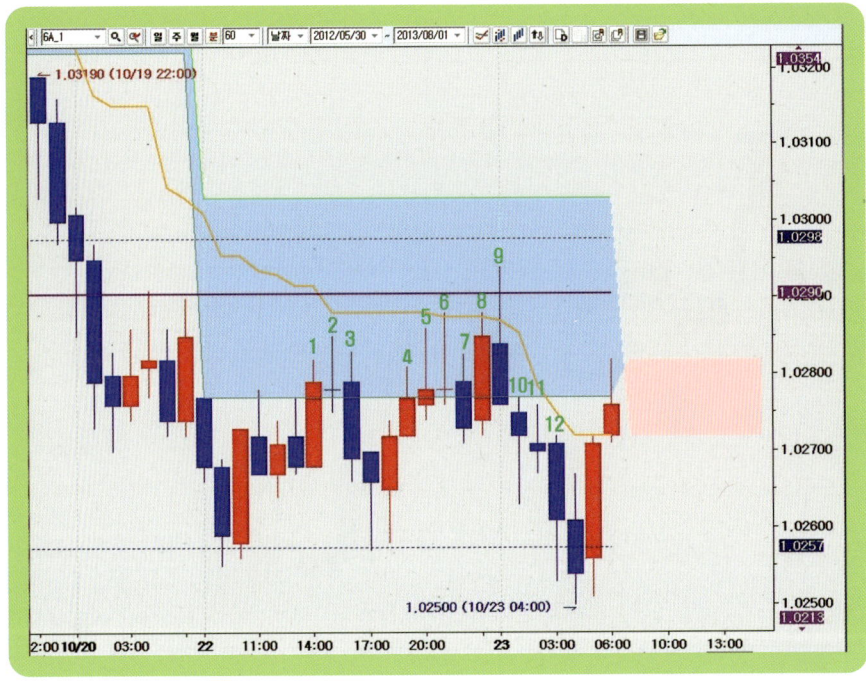

1번: NS존 하단선 위로 완성봉 성립. 26일기준선 아래에 위치해 있으므로 매수자제.

2번: 요주의캔들 출현

3번: 26일기준선 아래에 위치하였고, NS존 하단선 아래로 완성봉 성립.

4번: NS존 하단선 부근 매도진입.

5번: NS존 하단선 위로 완성봉 성립.

6번: NS존 하단선에서 매도포지션 일괄 청산. 요주의캔들 출현.

7번: 요주의캔들 출현 후 NS존 하단선 아래로 완성봉 성립.

8번: NS존 하단선 부근 매도진입하였으나, NS존 하단선 위로 완성봉 성립.

9번: NS존 하단선에서 매도포지션 일괄 청산. NS존 하단선 아래로 완성봉 성립.

10번: NS존 하단선 부근 매도진입.

12번: 단기로그선 1.0257에서 런던장 마감 이후 시간이므로 일괄 청산. 당일 거래마감

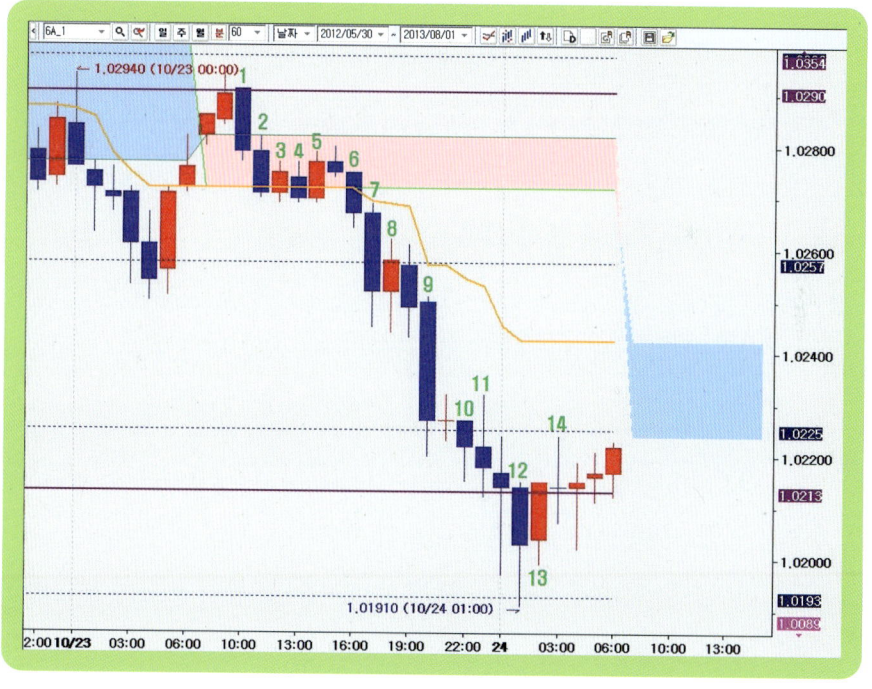

[호주달러화 : 2012년 10월 23일]

1번: 중기로그선 1.0290에서 저항을 받고 NS존 상단선 아래로 완성봉 성립. 26일기준선 위에 위치해 있으므로 매도자제.

2번: 26일기준선과 NS존 하단선 아래로 완성봉 성립.

3번: NS존 하단선에서 매도진입하였으나, 26일기준선과 NS존 위로 다시 완성봉 성립.

4번: NS존 하단선에서 매도포지션 일괄 청산. 26일기준선과 NS존 하단선 아래로 완성봉 성립.

5번: NS존하단선에서 매도진입하였으나, 26일기준선과 NS존 위로 다시 완성봉 성립.

6번: NS존 하단선에서 매도포지션 일괄 청산 후, 26일기준선과 NS존 하단선 아래로 완성봉 성립.

7번: NS존 하단선에서 매도준비하였으나 조정이 미약하여 미체결되고, 단기로그선 1.0257 아래로 완성봉 성립.

8번: 단기로그선 1.0257 부근에서 매도진입.

9번: 단기로그선 1.0225에서 매도포지션 일부 청산.

10번: 직전 캔들이 요주의캔들 출현하여 단기로그선 1.0225에서 매도포지션 일괄 청산. 단기로그선 1.0225 아래로 완성봉 성립.

11번: 단기로그선 1.0225 부근에서 매도진입(단기로그선 1.0225 위로 완성봉 시 손절 조건).

12번: 단기로그선 1.0193에서 매도포지션 일부 청산. 중기로그선 1.0213 아래로 완성봉 성립.

13번: 일중 저점에서 직전 캔들의 시가 위에서 종가로 마무리되는 양봉 출현. 단기 추세반전 패턴으로 인식하여 중기 로그선 1.0213 위로 완성봉 성립.

14번: 중기로그선 1.0213에서 매도포지션 일괄 청산.

당일 거래마감.

[호주달러화 : 2012년 10월 24일]

1번: 26일기준선과 NS존 상단선 위로 완성봉 성립.

2번: NS존 상단선 부근에서 매수진입(NS존 상단선 아래로 완성봉 시 손절 조건).

3번: 요주의캔들 출현.

4번: 단기로그선 1.0257 아래로 완성봉성립.

5번: 단기로그선 1.0257에서 매수포지션 일괄 청산 후, 단기로그선 1.0257 위로 완성봉 성립.

6번: 단기로그선 1.0257 부근에서 매수진입(단기로그선 1.0257 위로 완성봉 시 손절 조건).

7번: 중기로그선 1.0290에서 매수포지션 일부 청산. 중기로그선 1.0290 위로 완성봉 성립.

8번: 일중고점에서 직전 양봉 캔들의 시가 아래에서 종가로 마무리되는 음봉 출현하였고, 중기로그선 1.0290 아래로 완성봉 성립. 단기 추세반전 패턴으로 인식.

9번: 중기로그선 1.0290에서 매수포지션 일괄 청산. 요주의캔들 출현. 당일 거래마감.

[호주달러화 : 2012년 10월 25일]

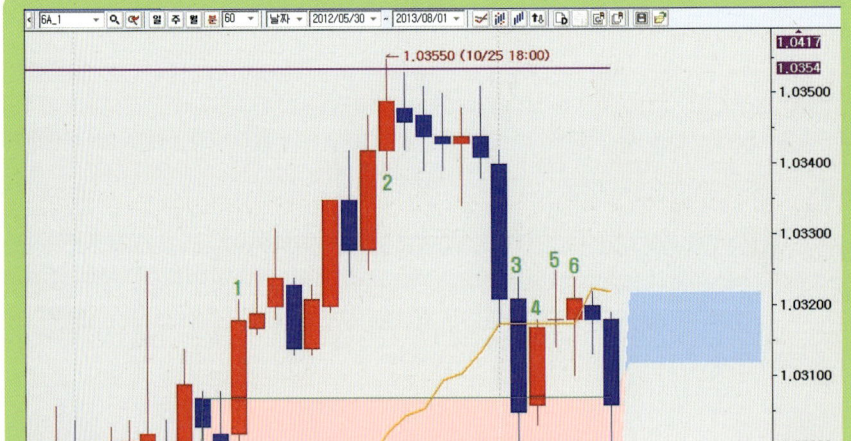

1번: NS존 상단선 위로 완성봉 성립 후 매수진입 대기하였으나 조정 없이 급등.

2번: 중기로그선 1.0354를 터치한 후 저항받고 이후 요주의캔들이 계속 출현. 시장 자체가 방향성이 전혀 없는 상황.

3번: 26일기준선과 NS존 상단선 아래로 완성봉 성립.

4번: NS존 상단선 부근에서 매도진입. NS존 상단선 위로 완성봉 성립.

5번: 26일기준선이 상승추세이며, 26일기준선 위로 완성봉 성립. 요주의캔들 출현.

6번: 26일기준선에서 매도포지션 일괄 손절.

당일 거래마감.

[호주달러화 : 2012년 10월 26일]

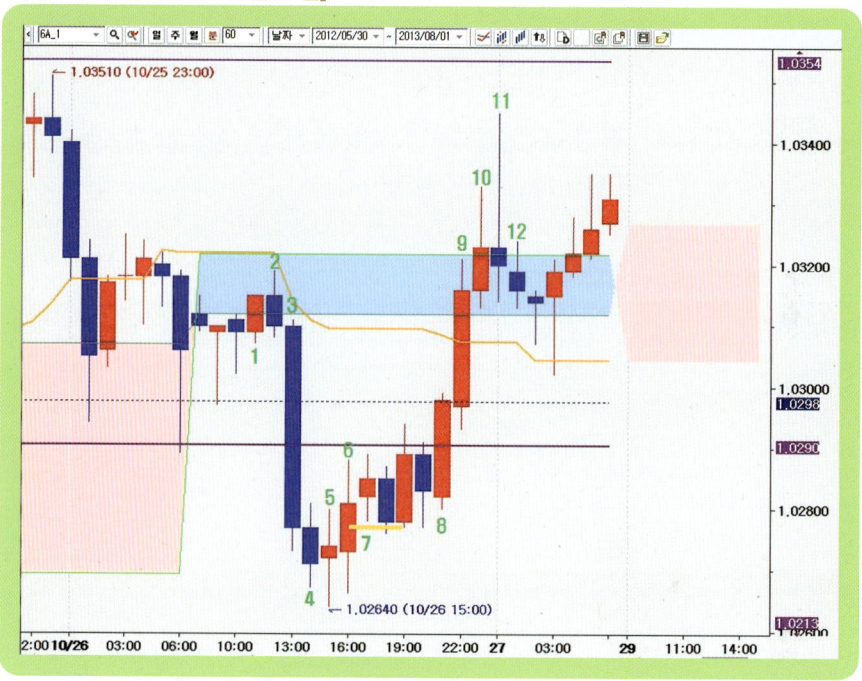

1번: NS존 하단선 위로 완성봉 성립하였으나, 26일기준선 아래이므로 매수 자제.

2번: NS존 하단선 아래로 완성봉 성립.

3번: NS존 하단선 부근에서 매도진입하여 매도포지션 중기로그선 1.0290에서 일부 청산.

5번: 요주의캔들 출현.

6번: 일중저점에서 요주의캔들의 종가 위에서 마무리되는 양봉 출현하여 추세의 반전으로 인식.

7번: 6번 캔들의 시가와 종가의 중심선부근에서 매도포지션 일괄 청산.

8번: 단기로그선 1.0298 위로 완성봉 성립.

9번: 단기로그선 1.0298 부근에서 매수 진입. 26일기준선과 NS존 하단선 위로 완성봉 성립.

10번: NS존 상단선 위로 완성봉 성립.

11번: NS존 상단선 아래로 완성봉 성립. 요주의캔들 출현.

12번: NS존 상단선에서 매수포지션 일괄 청산.

금요일 장마무리 시간으로 당일 거래마감.

[파운드화 : 2012년 4월 2일~4월 9일]

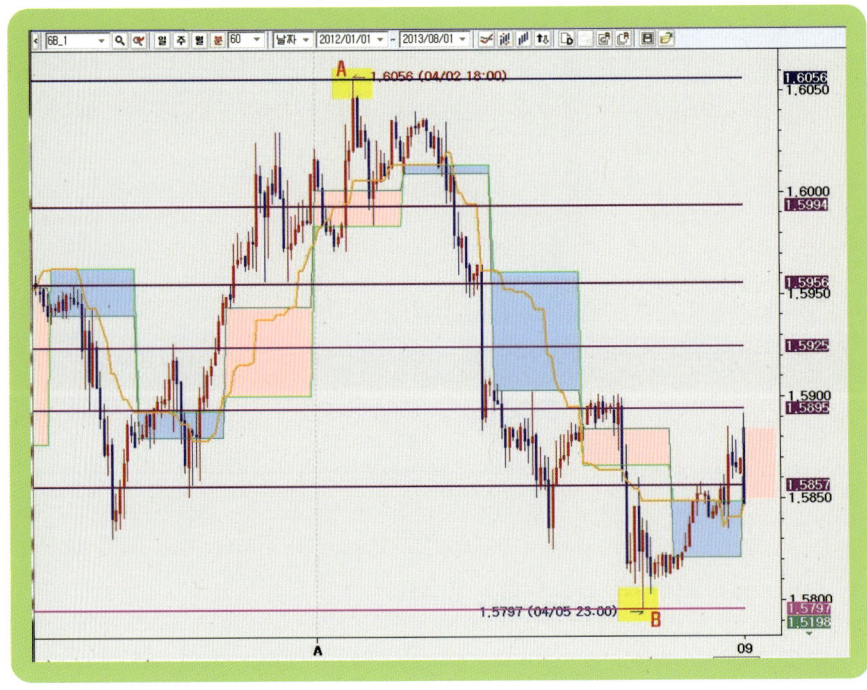

차트는 2012년 4월 2일부터 4월 9일 개장시의 파운드화 60분봉 차트이다. 로그선은 고점이 1.6056인 A와 저점은 1.5797인 B의 하락파동의 로그선(보라색)으로 설정하였다.

[파운드화 2012년 4월 9일]

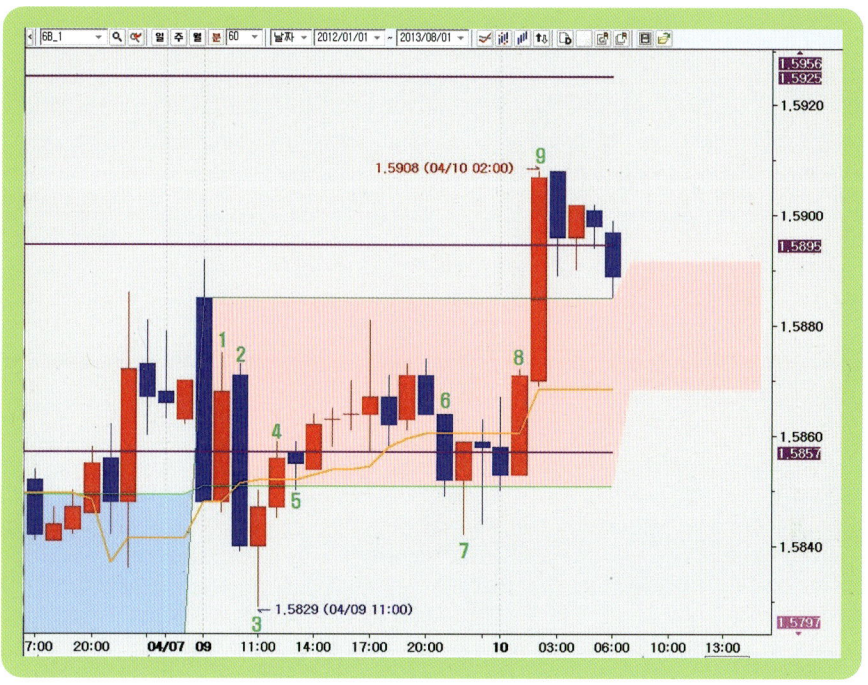

1번: 26일기준선 위에 위치하며, NS존 하단선 위로 완성봉 성립.

2번: NS존 하단선에서 매수진입하였으나, 26일기준선과 NS존 하단선 아래로 완성봉 성립.

3번: NS존 하단선 부근에서 매수포지션 손절.

4번: 26일기준선과 NS존 하단선 위로 완성봉 성립.

5번: NS존 하단선에서 매수진입.(NS존 하단선 아래로 완성봉 시 손절조건).

6번: 로그선 1.5857 아래로 완성봉 성립.

7번: 매수포지션 로그선 1.5857에서 일괄 청산.

8번: 로그선 1.5857 위로 완성봉 성립.

당일 거래마감.

[파운드화 2012년 4월 10일]

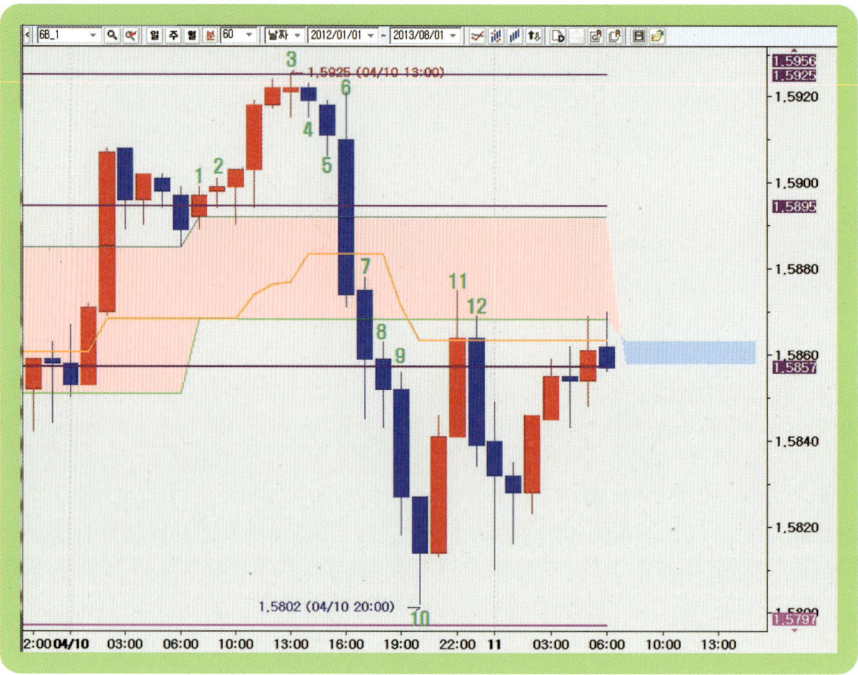

1번: 26일기준선과 NS존 위에 위치하며. 로그선 1.5895 위로 완성봉 성립.

2번: 로그선 1.5895에서 매수진입(NS존 아래로 완성봉 시 손절 조건).

3번: 로그선 1.5925에서 매수포지션 일부 청산 후, 요주의캔들 출현.

4번: 직전 요주의캔들 출현하여 매수포지션 당일 고점부근에서 일괄 청산. 직전 요주의캔들의 시가 아래에서 종가로 마무리된 음봉 출현하여 추세의 반전가능성 인식.

6번: 로그선 1.5895와 NS존 상단선 아래로 완성봉 성립.

7번: NS존 상단선에서 매도대기중이나 미체결상태에서 NS존 하단선 아래로 완성봉 성립.

8번: NS존 하단선에서 매도대기중이나 미체결상태에서 로그선

1.5857 아래로 완성봉 성립.

9번: 로그선 1.5857 부근에서 매도진입.

10번: 전저점라인 부근에서 매도포지션 일부 청산.

11번: 로그선 1.5857 위로 완성봉 성립. NS존 하단에 위치하였으므로 매수는 자제.

12번: 매도포지션 로그선 1.5857에서 일괄 청산.

이후에 진입자리조건 불충분으로 당일 거래마감.

[파운드화 : 2012년 4월 11일]

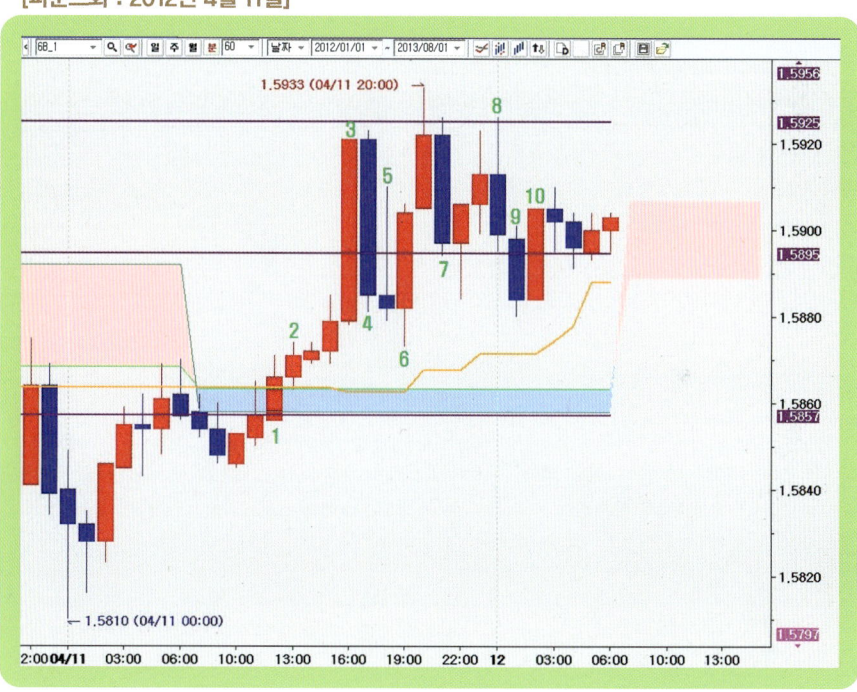

1번: 26일기준선과 NS존 상단선 위로 완성봉 성립.

2번: NS존 상단선에서 매수진입.

3번: 매수포지션 로그선 1.5895에서 일부 청산. 로그선 1.5895 위로 완성봉 성립.

4번: 로그선 1.5895 아래로 완성봉 성립.

5번: 매수포지션 로그선 1.5895에서 일괄 청산. 요주의캔들 출현.

6번: 로그선 1.5895 위로 완성봉 성립.

7번: 로그선 1.5895에서 매수진입.

8번: 로그선 1.5925에서 매수포지션 일부 청산.

9번: 로그선 1.5895 아래로 완성봉 성립.

10번: 매수포지션 로그선 1.5895에서 일괄 청산.

당일 거래마감.

[파운드화 : 2012년 4월 12일]

1번: NS존 상단과 26일기준선 위에 위치해 있으며, 로그선 1.5925 위로 완성봉 성립.

2번: 로그선 1.5925에서 매수진입.

3번: 로그선 1.5956에서 매수포지션 일부 청산.

4번: 요주의캔들 출현.

5번: 요주의캔들의 시가 아래에서 마무리되는 음봉 출현. 추세의 반전가능성 인식.

6번: 매수포지션 로그선 1.5956에서 일괄 청산.

이후에 진입자리조건 불충분으로 당일 거래마감.

[파운드화 2012년 4월 13일]

1번: 로그선 1.5956과 NS존 상단선 아래로 완성봉 성립. 26일기준선 위에 위치하였으므로 매도 자제.

2번: 26일기준선과 NS존 하단선 아래로 완성봉 성립.

3번: NS존 하단선에서 매도진입. 요주의캔들 출현.

4번: NS존하단선 위로 완성봉 성립.

5번: 3번의 요주의캔들만 아니면 매도포지션 유지하여도 되지만 요주의캔들 이후에 양봉 출현으로 매도포지션 NS존 하단선에서 일괄 청산. 26일기준선과 NS존 하단선 아래로 완성봉 성립.

6번: NS존 하단선에서 매도진입.

7번: 로그선 1.5925 아래로 완성봉 성립.

8번: 로그선 1.5925 위로 완성봉 성립.

9번: 매도포지션 로그선 1.5925에서 일괄 청산. 요주의캔들 출현.

10번: 로그선 1.5925 아래로 완성봉 성립.

11번: 로그선 1.5925부근에서 매도대기중이였으나 미체결. 로그선 1.5895 아래로 완성봉 성립.

12번: 로그선1.5895 부근에서 매도대기중이였으나 급락하여 미체결. 로그선 1.5857 아래로 완성봉 성립.

13번: 로그선 1.5857에서 매도진입 가능하지만 금요일 장마무리시간으로 당일 거래마감.

memo

PART 10

리스크관리와
자금관리가 생명이다

power note

chapter 01
리스크관리 측면에서 데이트레이딩이 유리하다

트레이더가 진입포지션을 얼마동안 보유하고 거래하는지에 따라 스켈핑, 데이트레이딩, 스윙으로 분류 할 수 있다.

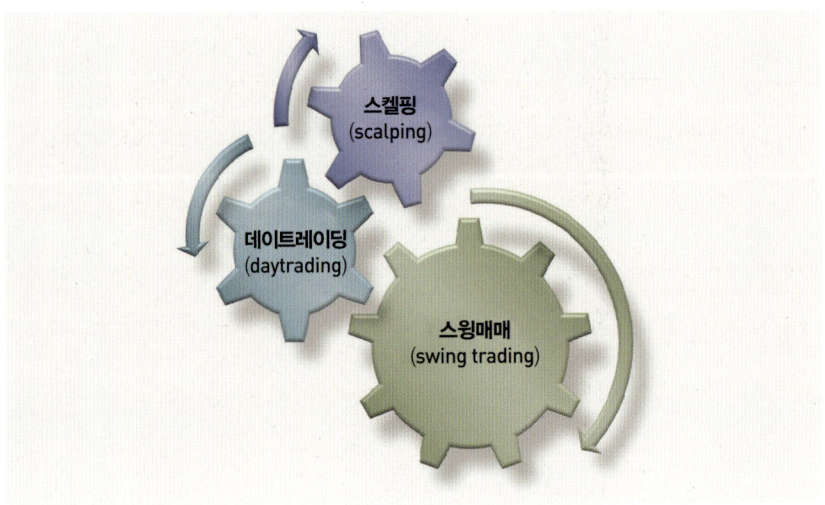

일반적으로 스켈핑은 한 번 진입에 10틱 이하의 수익을 목표로 하는 단타 매매방식이다. 하루에 많게는 20번 이상의 거래를 하며 한 번 진

입하여 청산까지 대략 15분 이내의 시간이 소요된다. 적시적소에 치고 빠져 나와야 하는 스켈핑은 손도 빨라야 되지만 의사결정이 신속해야 한다.

이렇게 잦은 거래를 하다 보면 시간이 지날수록 대부분은 뇌동매매에 의한 거래를 할 수밖에 없다. 물론 감각적으로 본인의 경험과 순간 분석력으로 거래를 잘하는 트레이더들도 있지만 늘 평상심을 유지하며 거래에 임하기는 쉽지 않은 일이다. 게다가 24시간 지속되는 외환시장의 특성상 스켈핑은 외환거래에는 적합하지 않다. 국내 주식시장처럼 폐장시간이 있다면 휴식이라도 취할 수 있지만 외환시장은 주말을 제외하고 월요일 개장 이후 주말 전까지 폐장시간이 없이 연속적으로 진행된다. 때문에 스켈핑의 매매방식으로 거래하는 트레이더는 심리적으로나 신체적으로 황폐해질 수밖에 없다.

이런 가운데 이성적 판단을 하며 거래를 한다는 것은 무리라서 추천하고 싶지 않은 매매 방식이다. 대체로 외환시장의 입문자나 초보자들이 배우는 단계에서 스켈핑을 한다. 1틱이 오르내리는 순간을 조마조마하게 바라보며 마우스에 손을 붙였다 뗐다를 반복했던 초보 시절들이 누구나 있었을 것이다.

계약을 청산하고 나면 1년은 늙은 것 같은 한숨을 쉬면서도 다음 진입자리를 모색하게 된다. 일부 스켈핑으로 거래하는 트레이더들 중에는 보유포지션이 없으면 불안증세까지 보이는 경향도 있는데 이는 투자자의 모습이 아닌 도박꾼에 불과하다. 이러한 사고와 잘못된 매매습관으로는 절대 외환시장에서 살아남을 수 없다.

데이트레이딩은 그날 진입한 포지션을 당일에 청산하는 것이다. 즉 당일치기 거래이다. 목표수익은 한 번 진입에 약 30틱 내외이고 하루에 5번 이내의 거래를 한다. 외환거래에 있어 가장 적합한 매매방식이다.

글로벌시장은 어느 국가에서 언제 어떠한 변수가 일어날지 모른다. 또 국내 주식과는 다르게 하루아침에 급락이나 급등을 할 수도 있다. 그러기 때문에 가급적 그날의 포지션은 당일에 청산하는 것을 기본으로 삼아야 된다. 외환거래는 공격적으로 매매하는 것보다는 외환시장에 맞추어 대응하는 것이다. 그러기에 추세를 충분히 관망하여 분석하고 파악하여 꼭 진입할 자리에서만 매매를 시도해야 한다. 뇌동매매는 그 자체가 손실임을 잊어서는 안 된다.

스윙매매는 일봉차트를 기준으로 거래를 하며 2주 정도 포지션을 유지하는데 일반적으로 분할로 진입하고 분할로 청산한다. 스윙매매는 외환거래에 적용해도 무관하다. 하지만 단순히 기술적 분석으로만 거래에 임할 순 없다. 기본적 분석 또한 많은 비중을 두고 거래해야 한다.

큰 추세를 보고 글로벌시장의 흐름과 세계경제의 펀더멘탈에 맞게 진입하였다면 큰 수익이 발생하겠지만 예기치 못한 변수로 인하여 막대한 손실 또한 감내해야 하는 것이 스윙매매이다. 불확실성이 팽배한 시장상황에서는 더욱 그러하다.

[자료10-1] 엄청난 변동성의 해외선물 차트

　차트는 2011년 3월 11일 일본의 쓰나미가 발생된 뒤인 2011년 3월 16일 CME 해외선물시장 마감 후 엔화의 60분봉차트이다. 기습적으로 급등한 후 다시 급락한 엄청난 변동성의 장이었다. 엔화 매도 포지션을 보유 중에 있는 스윙 매매자가 계좌에 잔고가 충분히 없었다면 자고 있는 도중에 로스컷을 당했을 것이다.

　이처럼 스윙매매는 고수익을 준다는 장점도 있지만 그 만큼의 손실폭 역시 크다는 점에서 신중히 생각해 보아야 할 매매방식이다. 처음 외환시장에 입문한 트레이더는 대부분 국내주식에서 상당한 손실을 보고 국내선물이나 옵션에서 또 한 번의 시련을 겪고 나서 외환시장에 입문한 트레이더가 많다. 더 이상의 손실을 막기 위해서라도 자신에게 잘 맞는 거래방식을 찾는 것은 중요한 일이다. 외환거래에 있어 어떤 매매방식을 택할지 트레이더 각자의 라이프스타일이나 성격 등 여러 가지 조건을 신중히 고려하여 판단하기를 바란다.

chapter 02
관리가 안 되는 나쁜 습관을 빨리 떨쳐라

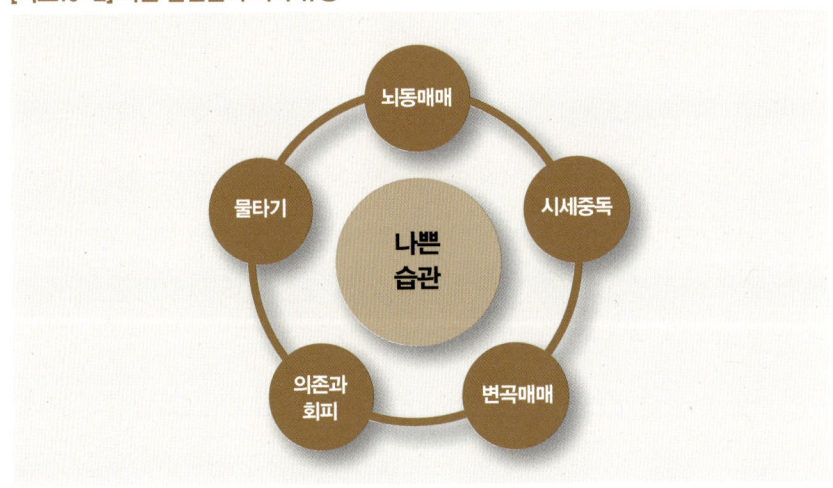

[자료10-2] 나쁜 습관들의 여러 유형

1) 물타기 하고 싶을 때는 이미 손절 시점이다

수익이 발생하고 있는 상황에서 추가로 분할 진입하는 불타기와는 달리 물타기는 손실이 발생 시에 손절매를 하지 못하고 평균단가를 낮

추기 위해 추가로 진입하는 것이다. 이미 시장은 본인의 생각과는 반대로 추세가 바뀌었음에도 불구하고 손절의 타임을 놓쳐 무리하게 추가 진입을 하여 손실은 더욱 커지고 결국은 자포자기에 빠지게 된다. 시장은 나의 예측으로만 움직이지 않는다. 예측에서 벗어났을 때 시장에 순응하고 적절히 손절을 하는 것도 장기적으로 보면 돈을 버는 것이라는 점을 기억해두자.

2) 시세중독은 기다리는 매매를 불가능하게 한다

시세에 너무 신경을 쓴 나머지 하루 종일 컴퓨터 앞에서 차트를 보고 있어야만 되며 지금 진입 안하면 손해 볼 것 같아 좌불안석한다. 거래시점이 아닌데도 불구하고 무리하게 진입을 하고, 진입하고 나면 노심초사 안절부절 하는 일들을 반복한다. 적절한 타이밍에 들어간 것이 아니니 당연히 자신감이 떨어지는 것이다. 이러한 시세중독은 도박중독보다도 더 위험하다.

3) 뇌동매매는 자신만의 원칙이 없기 때문이다

뇌동매매는 인터넷 검색엔진 지식백과에도 올라온 단어이다. 주식이나 파생거래를 하는 사람들이라면 누구나 한 번쯤은 경험해봤을 정도로 자주 입에 오르내리는 단어이다. 뇌동매매가 습관처럼 굳어져 있다면 문제는 심각하다. 저자가 리딩방송을 시작하고 많은 개인 트레이더를 만나 보았지만 뇌동매매로 수익을 보았다는 사람은 단 한 명도 없었다. 그 이유는 합리적인 매매기준이나 원칙이 없기 때문에 대중심리나 본인의 자만심을 수반한 즉흥적 감정으로 매매를 하기 때문이다. 잦은 매매는 수익률이 떨어진다. 수익률은 떨어지고 수수료만 나가는 실속 없는 거래를 해서 무엇 하겠는가.

4) 변곡을 잡으려는 마음은 화를 부른다

추세가 상승장인 경우 어떠한 기준이나 근거 없이 많이 올라 왔다고 인식하고 최고점에서 매도 포지션을 잡기위해 추세와 반대로 진입을 하거나 추세가 하락장인데 많이 내려왔다고 인식하고 추세의 반대로 진입한다. 하다못해 무리하게 조정파동이라도 잡기 위해 추세와 반대로 진입한다.

시장에 대한 예측이 나쁘다는 것은 아니다. 하지만 그건 어디까지나 기본적 분석인 여러 경제적 요소와 지표 그리고 기술적 분석을 통해 앞으로의 시세를 내다보는 것이지, 어떤 데이터나 근거 없이 추측성 거래를 하라는 뜻은 아니다. 근거 없는 예측은 어디까지나 시장이 그렇게 바뀌길 바라는 자신의 바람에 불과하다.

5) 누군가에게 의존하지 말고 현실을 회피하지 마라

자녀에게 아무리 고액 과외를 시킨다고 해도 자기 스스로 복습하고 터득하지 않는다면 그 학습의 효과는 미미하다. 트레이더 역시 스스로 기본적 분석과 기술적 분석을 통해 자기계발을 하고 연구하며 노력해야 한다. 그렇지 않고 쉽고 편하게 거래하기 위해 얄팍한 스킬이나 팁을 찾아 여러 카페나 블로그를 다니는 사람들을 본다. 그들은 의기양양하게 무슨 비책이라도 생긴 양 자신의 매매에 응용하는데 몇 번은 맞는 것 같지만 또다시 손실보기를 반복하다.

점차 자신감이 결여되다보니 여러 전문가들의 방송을 전전하며 거래하게 되고 손실을 보면 전문가나 타인들에게 책임을 전가하고 탓하고를 반복한다. 전문가는 조언 상대일 뿐 너무 의존하는 것은 옳지 않다. 결국 거래창에 마우스를 대고 클릭한 것은 자기 자신이다. 또 본인이 잘못 진입하고서는 반대로 움직이면 메이져들의 장난이니, 개미들을 죽이려고 하느니 등의 시장 탓만을 주절주절 한다. 근본적으로 무엇이 잘못된 것인지 조차도 모르는 불감증이다.

국내 주식이나 국내 파생시장에서의 나쁜 매매습관을 그대로 유지한 개인 투자자들이 성격이 전혀 다른 외환시장에서도 똑같은 매매방식을 고수하다 또 다시 시련을 겪는 악순환이 반복되고 있다. 오히려 처음부터 외환시장에 입문한 트레이더들이 시간이 지나면서 훨씬 좋은 결과치를 보여준다.

많은 트레이더들이 본인의 나쁜 습관을 잘 알고 있다. 나쁜 습관을 버리고 거래에 임하려고 하지만 몇 번 손절을 당하거나 거래에 집중하다 보면 어느새 자신도 모르게 나쁜 습관을 드러낸다. 나쁜 습관은 손실과 직결된다는 것은 누구나 알고 있는 사실이다. 하지만 몸에 베인 습관을 고치기란 쉽지 않다. 그럴지라도 나의 나쁜 습관 하나가 계좌잔고와 직결된다는 것을 명심해야 한다. 어떻게 보면 손실 폭을 줄이는 것이 여러 번의 수익보다 더 중요하다. 손실 없는 거래를 위해서 나쁜 버릇들은 가감하게 머릿속에서 지워내길 바란다.

chapter 03
리스크관리 원칙을 세우고 철저히 지켜라

1) 진입, 청산, 손절은 간단명료하게

나만의 원칙이 너무 많으면 스스로가 지킬 수 없게 된다. 지킬 수 없는 원칙은 아무리 좋은 내용이라도 무용지물이다. 한 번 무시해 버린 원칙은 원칙이라고 할 수 없다. 스스로가 꼭 지킬 수 있는 원칙으로만 구성하여 간단명료하고 확고한 본인의 원칙을 만들어야 한다.

[자료10-3] 남한산성의 매매원칙

진입	· 캔들의 패턴 확인 후 NS존, 기준선, 로그선의 완성봉 확인
청산	· NS존, 기준선, 로그선
손절	· 반대방향으로 캔들의 완성봉 시

2) 하루 손실 한도를 정하고 손실 발생 시 거래를 중단하라

대부분의 트레이더들이 하루 목표수익을 정한다. 하지만 이는 아주 위험한 발상이다. 하루라도 목표수익을 못 채운다면 다음날 갖는 부담은 더 커진다. 만일 하루 동안 거래해서 수익은커녕 손실이 발생하였다면 다음날 그 부담은 이루 말할 수 없게 된다. 하루 목표 수익이 20만원 이라고 가정하였을 경우 본절로 마감한 다음날은 40만원의 수익을 발생시켜야만 하며 그날마저 10만원의 손실이 발생하였다면 그 다음날의 하루 목표 수익은 70만원이 된다. 그렇게 되면 목표 수익을 달성하기 위해 무리한 매매를 하게 되고 손실은 더욱 커져만 간다. 결국 목표 수익은 지킬 수 없는 약속이 되고마는 것이다.

그래서 목표수익은 원칙적으로 월별로 세우는 것이 바람직하다. 거래에 있어 심리적 요인도 무시할 수 없는 만큼 부담 없는 매매를 할 수 있기 때문이다.

하지만 손실금액은 철저하게 하루 단위로 지켜져야 한다. 수익이 발생하는 날은 트레이더의 컨디션이나 시장의 흐름이 트레이더의 매매스타일과 유사하게 진행되거나 당일의 전략이 들어맞았기 때문이다. 이러한 날은 오늘의 목표치를 달성했다고 해서 그만둬서는 안 된다. 되는 날은 무엇을 해도 된다고 하지 않는가?

그렇지만 손실이 발생하는 날은 이러한 조건들이 안 들어맞거나 이미 발생한 손실로 인한 마인드 컨트롤이 안 되는 경우가 많다. 이후로 거래를 계속 유지 한다고 해도 복구는커녕 손실만 더 커질 뿐이다. 그러므로 하루에 자기자본대비 감내할 수 있는 손실금액에 대해서는 철저히 정하고 정한 금액을 초과하여 손실이 발생하였다면 과감히 차트를 내려놔야 리스크를 최소화할 수 있다.

3) 수익 보다 얼마나 원칙을 지켰는가를 중요시 하라

미국의 비농업부문 고용자수나 금리발표 때의 급등락을 반복하는 큰 변동성장에서 소 뒷걸음치다 쥐 잡는 격으로 발생한 수익은 금액의 다소를 떠나 중요하지 않다. 지표 발표 때의 급등락장에서 요행으로 발생한 수익은 똑같은 시장상황에서 고스란히 반납하는 경우가 많다. 수익의 다소가 중요한 것이 아니라 얼마나 내가 세운 원칙에 따라 스스로를 철저히 제어하면서 거래를 했는지가 중요하다. 이런 마음자세를 가지고 반복적으로 트레이딩을 한다면 어떠한 시장상황에서도 굴하지 않고 더욱 거듭나는 트레이더가 될 수 있다.

4) 나만의 거래시간을 정하라

일반적으로 트레이더의 라이프스타일에 맞게 거래시간을 정하는 것이 원칙이며, 시세중독을 미연에 방지할 수 있는 효과 또한 크다. 앞에서 언급했듯이 현시세의 궁금증에 대한 조바심을 버리고 스스로가 정한 시간대에서만 차트를 보는 습관을 가져야 된다. 그래야만 도박꾼이 아닌 진정한 투자자로서의 마음가짐과 자세를 스스로 지킬 수가 있다.

간혹 초보자들은 시장의 흐름을 바라보는 감각이 끊긴다고 하는데 이는 잘못된 생각이다. 동경장에서 달러강세의 추세가 유럽장에서는 달러약세로 급변할 수도 있다. 유럽장에서 처음 차트를 열고 시장을 바라보는 트레이더는 자연스럽게 유럽장에서 달러약세로 전환되는 시장의 흐름을 긍정적으로 받아들일 수 있지만 동경장에서 매매를 이어온 트레이더는 시장의 반전을 왜곡되게 파악하거나 부정적 측면으로 볼 수 있는 우를 범할 수 있다. 또한 오랜 시간동안 거래를 하다보면 결국 집중력은 고갈된다. 집중력이 결여된 상태에서는 판단력과 분석력이 현저히 떨어지고 이는 곧 손실로 이어진다.

필자의 지인 중 도박사가 있다. 그분의 일화를 잠시 소개하자면 7명이 이틀 동안 잠도 안자고 도박을 했다고 한다. 중간에 지인은 돈이 다 바닥나고 난 후 자리를 일어나 호텔서 세상모르고 잤다고 한다. 충분히 자고 휴식을 취하고 다시 도박했던 장소에 갔더니 같이 도박했던 맴버들은 아직까지 승부를 보지 못하고 도박을 하고 있었다고 한다. 지인은 바로 은행에 가서 돈을 구해온 뒤 다시 도박에 참여하였는데 결국에 채 몇 시간도 안 돼 그 도박판의 판돈을 모조리 땄다고 한다. 물론 도박에 운도 따라야 하겠지만 3일 동안 잠도 못 자고 피곤에 찌든 다른 사람보다 충분히 휴식을 취하고 온 지인의 집중력은 누구보다도 훨씬 강했을 것이다. 차트 역시 줄곧 보고 있을 때 보이지 않던 장의 흐름이 휴식을 취하고 난 뒤에 보이는 경우도 있다. 거래시간을 지켜 그 시간에 집중력 있는 거래를 하기를 권한다.

5) 원칙을 지켰으면 결과에 연연하지 마라

청산 후에 더 가더라도 원칙을 지켰으면 아쉬워말고, 손절을 당해

도 자신감을 갖고 진입시점이 다시 오면, 두려워 말고 재진입하라.
원칙적인 매매를 하였는데 연속 3번의 손실이 발생하였을 경우 4번째 진입은 수익이 발생할 확률이 매우 높다. 같은 곳에서 손실이 났더라도 재진입할 자리라면 과감하게 진입하는 자신감을 갖자. 거래에 임하는 데 있어 자만심은 버리되 자신감만은 가져야 한다. 자신감이 결여된 상태에서의 거래는 판단력 부족으로 우유부단해진다. 결국 진입할 곳에서는 머뭇거리다 자리를 놓치고, 진입하면 안 되는 자리에서 마지못해 진입하고 마는 어리석음으로 손실이 발생한다.

memo

chapter 04

경시하기 쉬운 자금관리가
무엇보다 중요하다

　마틴게일(Martingale)이란 원금 손실 시에 투자금액을 늘려 앞선 손실 이상의 이익을 본 후 다시 투자 금액를 줄이는 방법으로 반복해 거래하는 트레이딩 전략이다. 일반적으로 자동매매프로그램EA(Expert Advisor)에는 대부분 적용되어 있다. 하지만 이러한 전략은 강한 추세의 시장흐름에 반대로 진입했을 경우 원금을 모두 소진하고 만다.

　또한 반 마틴게일(anti-Martingale)이란 마틴게일 전략과는 반대로 수익이 날 경우 투자금액을 늘리고 손실이 발생하면 투자금액을 줄여서 거래하는 전략이다. 이러한 전략들은 거래 중 진입 시에 구사하는 베팅전략들이다. 자금관리에 있어 이러한 전략을 사용하는 트레이더들이 많다.

　예를 들어 자본금 1,000만원을 가지고 2계약을 운영하던 트레이더가 단기간에 수익이 발생하여 2,000만원으로 자본금이 늘었다고 하자. 그는 운영계약수를 한 번에 4계약으로 늘려 거래하게 된다. 수익의 극대

화라는 점에서는 메리트는 있으나 한 번의 실수에 모든 것을 잃을 수 있다는 위험부담 역시 크다. 이러한 무의미한 자금 관리로는 결국 아무 것도 남는 것이 없게 된다. 필자는 외환시장에 전업 트레이더가 되면서 외국계 은행의 트레이딩룸에서 사용하는 자금관리 매뉴얼을 벤치마킹하여 자금관리에 활용함으로써 좋은 결과를 이루어냈다.

다음 자료는 3년간의 가상시나리오이다. 초기 자본금과 기대수익은 각자의 여건과 스타일에 맞추어 정하면 된다. 만약 5,000만원의 자금으로 거래를 시작하였다고 하자. 한 달의 기대수익은 파생의 특성상 8%로 가정하였다. 1월에 수익이 발생한 것은 무조건 인출하여 타계좌(별도의 계좌)로 이체한다. 다음달 2월 1일에 HTS상의 잔고는 5,000만원이다. 물론 운영하는 계약수도 동일하다.

2월에 발생한 수익 또한 타계좌에 모두 이체한다. 타계좌에는 800만원의 잔고가 있게 된다. 3월 1일에도 HTS상의 잔고는 5,000만원이다. 그런데 3월에는 손실이 (-)150만원이 발생 하였다고 하자. 그럼 타계좌에서 150만원을 인출하여 HTS계좌로 이체한다. 타계좌의 잔고는 650만원이 될 것이며 4월1일에 HTS상의 계좌에는 전과 똑같은 5,000만원이 있게 된다. 운영하는 계약수도 평소와 똑같이 동일하게 운영한다.

거래를 하다보면 당연히 손실도 날수 있다. 하지만 HTS상의 잔고가 손실 난 상태로 거래에 임한다면 손실금에 대한 부담으로 트레이더는 심리적 압박을 받을 수밖에 없다. 항상 처음처럼 마음가짐을 갖고 거래할 수 있는 환경을 본인 스스로가 만들어 가야 한다. 그렇게 1년이 지나면 이제 자신은 7,000만원을 운영할 수 있는 자금이 생기며 1년간의

[자료10-4] 자금관리 시나리오① 2013년

초기자본금 5,000만원 월별 기대수익 8%(400만원)

월	수익	타계좌	운영계약수
1월	4,000,000	4,000,000	3
2월	4,000,000	8,000,000	3
3월	(−)1,500,000	6,500,000	3
4월	(−)1,000,000	5,500,000	3
5월	4,000,000	9,500,000	3
6월	4,000,000	13,500,000	3
7월	(−)2,500,000	11,000,000	3
8월	4,000,000	15,000,000	3
9월	(−)1,000,000	14,000,000	3
10월	4,000,000	18,000,000	3
11월	4,000,000	22,000,000	3
12월	(−)2,000,000	20,000,000	3

[자료10-5] 자금관리 시나리오② 2014년

초기자본금 7,000만원 월별 기대수익 8%(560만원)

월	수익	타계좌	운영계약수
1월	5,600,000	5,600,000	5
2월	5,600,000	11,200,000	5
3월	(−)1,500,000	9,700,000	5
4월	5,600,000	15,300,000	5
5월	(−)1,500,000	13,800,000	5
6월	5,600,000	19,400,000	5
7월	(−)3,000,000	16,400,000	5
8월	5,600,000	22,000,000	5
9월	5,600,000	27,600,000	5
10월	(−)1,500,000	26,100,000	5
11월	5,600,000	31,700,000	5
12월	(−)2,000,000	29,700,000	5

[자료10-6] 자금관리 시나리오③　　　　　　　　　　　　　　　　2015년

초기자본금 1억원 월별 기대수익 8%(800만원)

월	수익	타계좌	운영계약수
1월	8,000,000	8,000,000	8
2월	8,000,000	16,000,000	8
3월	(-)2,500,000	13,500,000	8
4월	8,000,000	21,500,000	8
5월	(-)2,400,000	19,100,000	8
6월	8,000,000	27,100,000	8
7월	(-)2,500,000	24,600,000	8
8월	8,000,000	32,600,000	8
9월	8,000,000	40,600,000	8
10월	(-)4,000,000	36,600,000	8
11월	8,000,000	44,600,000	8
12월	(-)3,500,000	41,100,000	8

경험과 노하우를 통해 충분히 7,000만원을 운영할 수 있는 더욱 성숙한 트레이더의 자질을 갖추게 된다.

그러므로 부담 없이 운영하는 계약수도 자연스럽게 늘릴 수 있다. 이렇게 또 1년이 지나면 이제 종자돈 1억원이 마련되어진다. 이제 1억원을 운용할 수 있는 트레이더가 된 것이다. 지난 2년이 길다면 긴 기간 일수도 있고 시련과 고통의 나날이었겠지만 트레이더 본인에게는 그 2년이 외환시장에 남아서 마지막까지 성공투자 할 수 있는 밑거름과 초석이 될 것이다.

일확천금이라는 것은 없다. 종자돈 500만원으로 한 달에 1,000만원을 벌려는 것은 욕심이다. 주식이나 외환으로 큰돈을 벌었다는 사람들

의 이야기를 잘 들어보라. 그들의 성공 뒤에는 일확천금이 아닌 수년 간 걸쳐 온 실패와 그를 딛고 이겨 온 내공의 역사가 있다. 이러한 내공도 쌓지 않고 수익만을 바란다면 여러분의 수익률은 마이너스가 될 수밖에 없다.

memo

memo

APPENDIX

부록
유용한 사이트들

power
note

1. 넷다니아(http://www.netdania.com)

기술적분석 도구 중 추세선을 그릴 때 넷다니아 차트를 사용하면 정확도와 편리성이 좋다. 하지만 넷다니아는 자바로 가동되므로 무거운 감이 있다. 국내 증권사나 선물사들에서 제공하는 HTS상의 차트에서는 추세선 그리기가 너무 어렵고 번거로우며 시간이 지나면 추세선 자체가 변형이 되는 단점이 있다.

[초기화면]

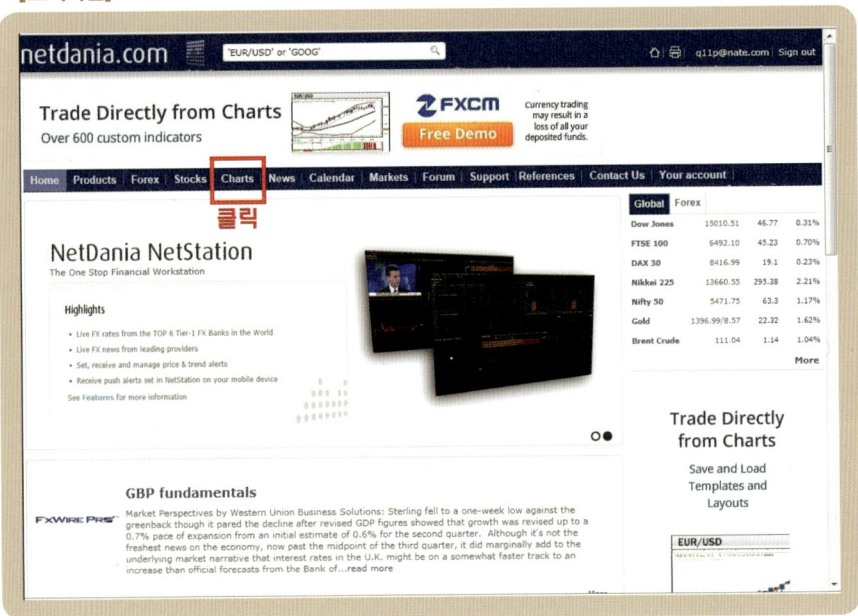

초기화면에서 【Charts】를 클릭한다.

[차트메뉴창]

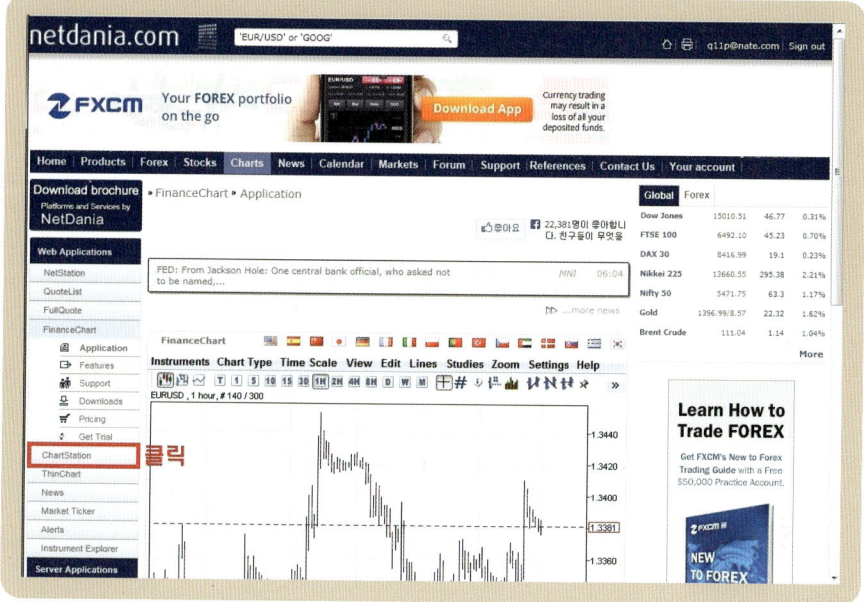

왼쪽 메뉴바에서 【Chartstation】을 클릭한다.

[Chartstation창]

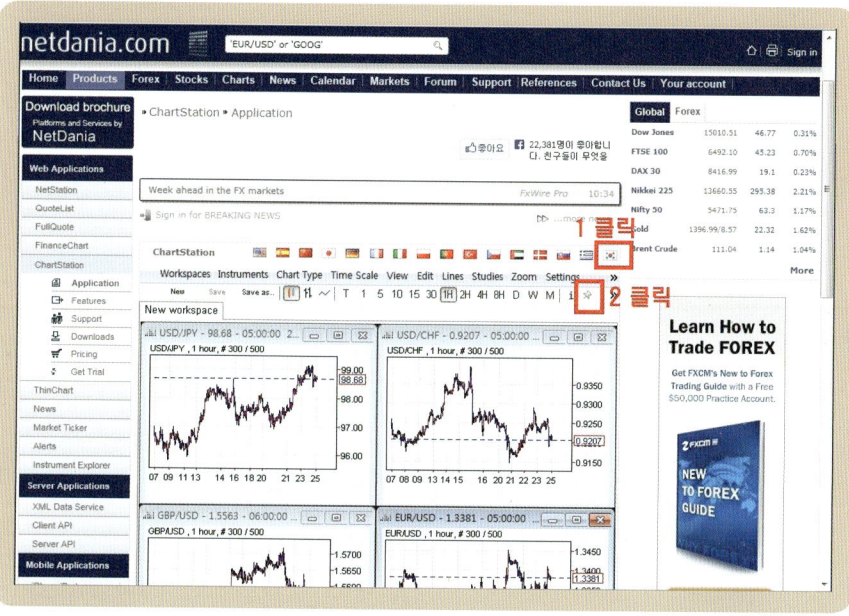

Appendix 유용한 사이트들　261

먼저 우리나라 국기를 클릭하여 한글로 사용언어를 바꾼 뒤, 2번의 압정모양을 클릭하여 독립화면을 실행한다.

[독립화면창]

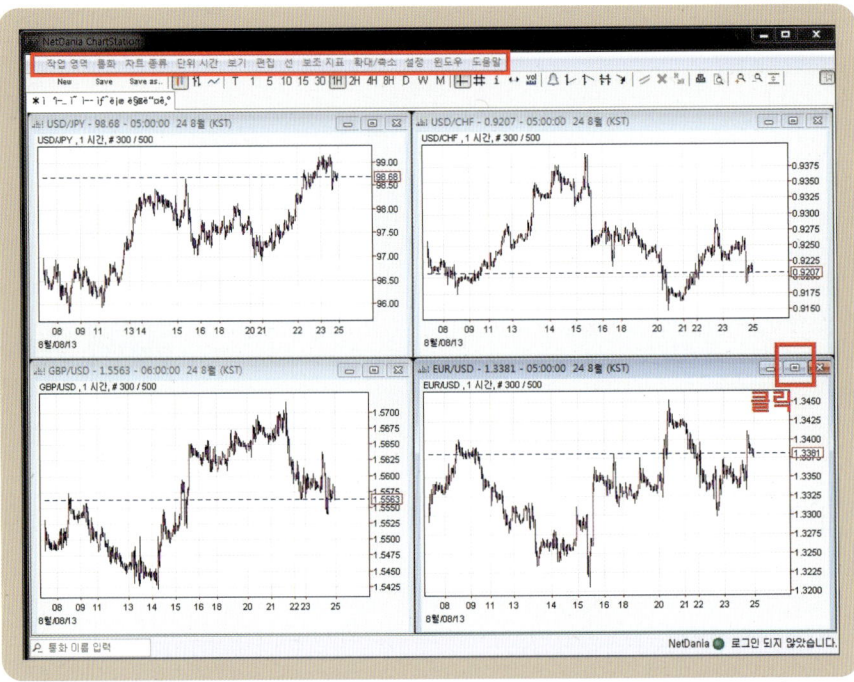

4개의 분할창이 나오는데 각각의 통화쌍은 상단메뉴바의 【통화】를 사용하여 각자가 주로 거래하는 통화쌍으로 변경하면 된다. 먼저 가장 많이 거래하는 EUR/USD의 창을 위 그림처럼 최대화로 클릭한다.

[EUR/USD의 확대창]

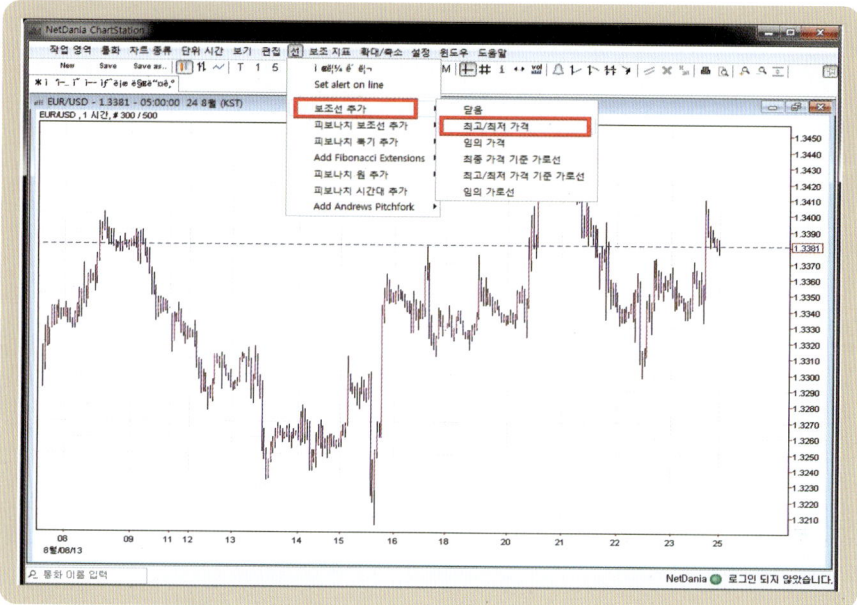

상단메뉴바에서 【선】→【보조선추가】→【최고/최저가격】순으로 클릭한다.

[세팅과정]

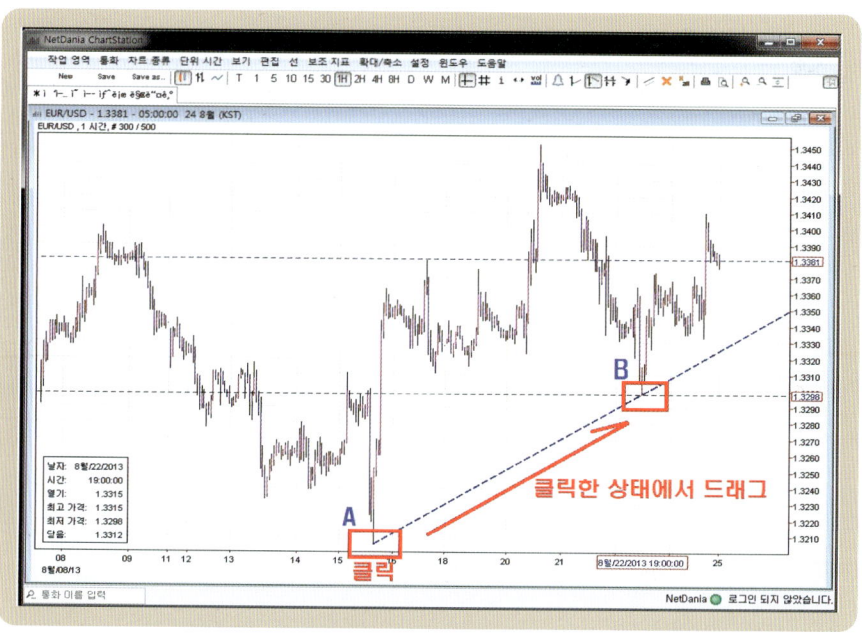

Appendix 유용한 사이트들

앞의 자료처럼 A캔들의 저점에서 클릭한 후 그대로 드래그하여 B의 저점부근까지 끌고 가면 자동으로 저점을 인식하여 상승추세선이 그려진다. 추세선을 더블클릭하여 추세선에 대해서 별도로 설정할 수도 있다. 이외에도 보조지표 등의 기술적도구들을 삽입할 수도 있다. 넷다니아에 회원가입하여 사용하게 되면 한 번 셋팅한 차트는 번거롭게 다시 셋팅할 필요 없이 언제든지 불러올 수 있다.

[넷다니아 셋팅창]

필자는 큰 추세와 보조지표는 위 그림처럼 셋팅하여 넷다니아차트를 통해서 분석하고 매매하는데 활용한다.

2. 경제지표(http://www.forexfactory.com)

당일 발표될 경제지표를 확인할 때 유용한 사이트이다. 또한 특정지표에 대해서 지난 과거의 데이터를 불러 올 수 있어 전체적인 지표의 흐름을 파악할 수가 있고 과거 지표의 예상치와 결과치에 따른 당시의 차트의 움직임을 분석 할 수 있다.

[초기화면]

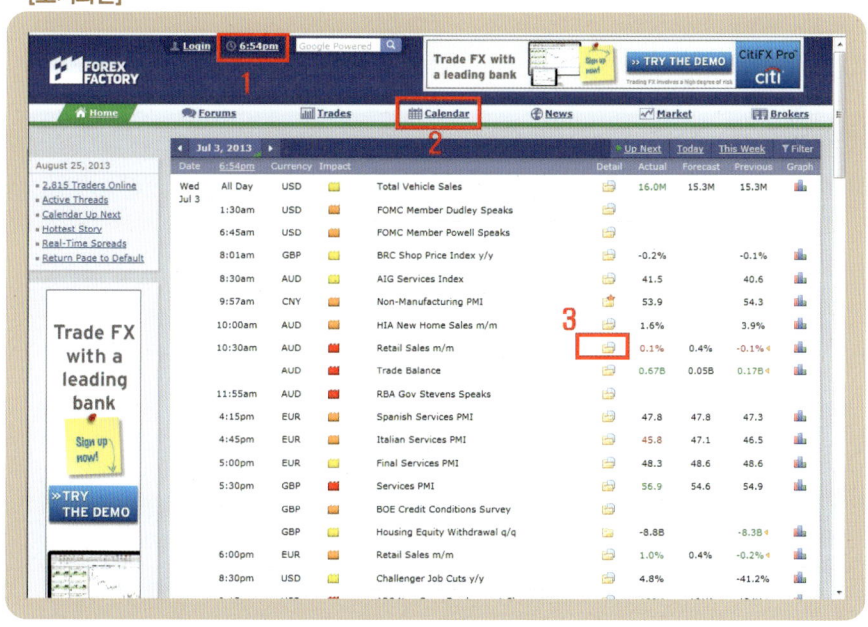

초기화면에서 1번을 클릭하여 한국시간으로 설정할 수 있다.

Appendix 유용한 사이트들   265

[1번 클릭화면]

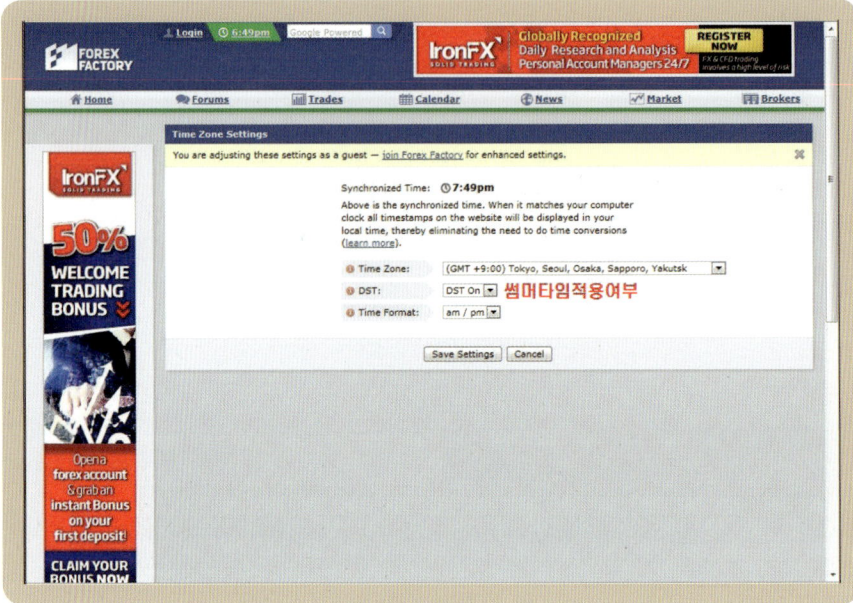

DST는 일광절약시간제(日光節約時間制, Daylight saving time) 또는 서머타임(summer time)을 뜻한다.

[2번 클릭화면]

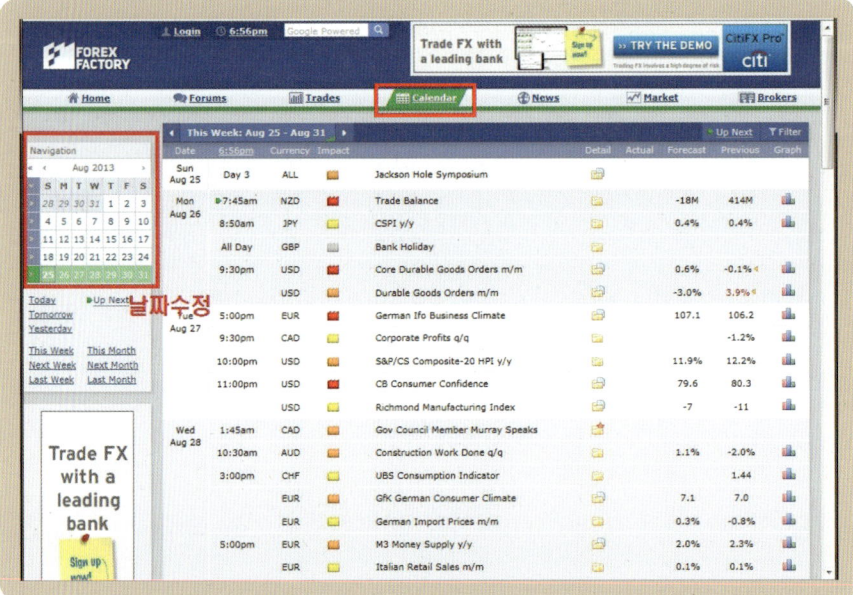

메뉴바의 Calendar를 클릭하면 왼쪽에 달력이 나타나는데 특정날짜의 지표들을 확인할 수 있다.

[3번 클릭화면]

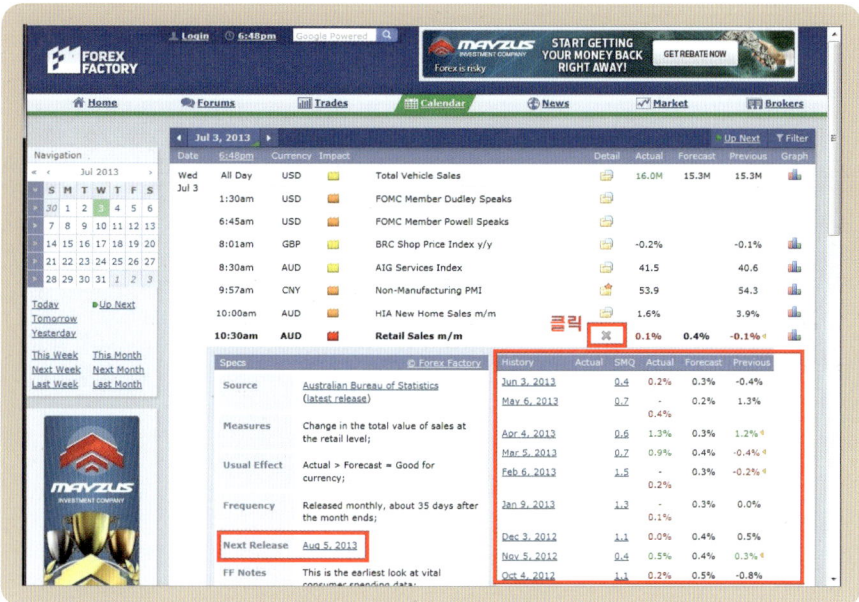

폴더모양의 아이콘을 클릭하면 해당지표에 대한 지난 과거의 데이터인 과거치, 예상치, 발표치가 상세히 나온다. 과거날짜를 클릭하면 발표시간도 알 수 있다.

또한 다음에 발표될 날짜 또한 표시해준다.

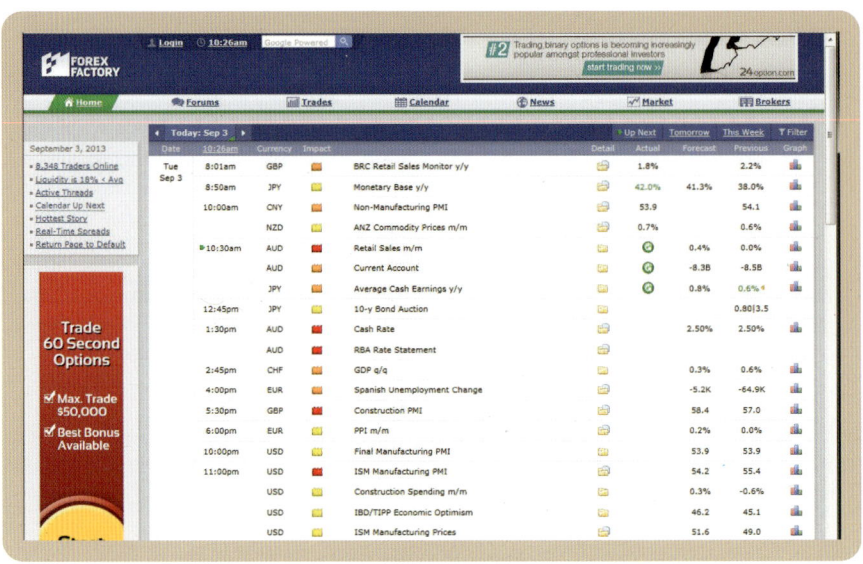

지표발표 5분 전에는 해당지표에 녹색버튼이 생성되며, 발표시간에 맞추어 녹색버튼을 클릭하면 바로 발표치를 확인할 수 있다.

memo

3. 오안다(http://fxtrade.oanda.com/analysis/currency-correlation)

통화간의 상관관계를 보여주는 사이트이다. 마우스를 원에 가져다 대면 데이터가 나온다. 대부분의 트레이더들은 호주달러화나 파운드화는 급락을 하는데 유로화만 상승을 하는 경우 '유로도 이제 내려가겠지'라는 생각을 하고 매도관점으로 시장을 보는데 이는 큰 오산이다. 이 사이트에서는 년, 월, 주, 시간단위로 상세히 통화간의 씽크율을 상관계수로 보여줌으로써 트레이더로 하여금 각 통화별 상관관계에 따른 움직임을 정확히 분석하게 도움을 준다.

[초기화면]

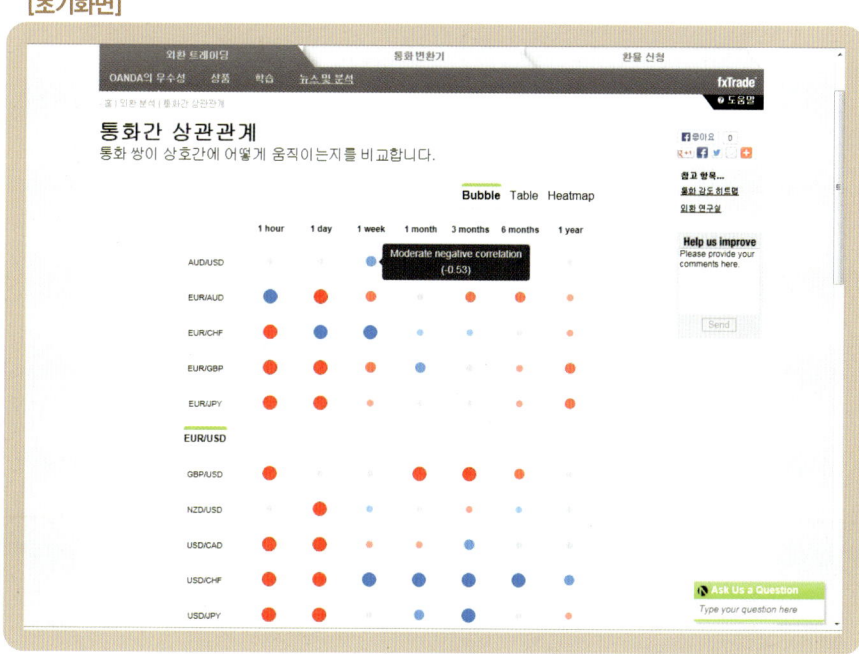

에필로그

  세미나를 하게 되면 나의 하루 일과가 어떤지에 관한 질문을 많이 받곤 한다. 내가 얼마나 많은 시간을 앉아 거래를 하는지 궁금해 하는 것 같다. 정작 내가 거래에 집중하는 시간은 길지 않다. 길어야 하루에 5시간 정도이다. 나머지 다수의 시간은 글로벌 뉴스를 보고 각국 지표들에 대한 나름의 분석과 차트분석에 할애한다.

  차트를 분석하는 요소들로는 우선 일봉차트의 추세와 파동을 파악하고, 캔들의 패턴과 시간론상의 마디를 관찰한다. 그리고 60분봉차트를 통해 추세와 파동을 분석하기 위해 로그선을 설정하고 NS존과 현재 캔들의 위치를 분석하여 당일의 시장을 어떻게 공략할지에 대한 구체적인 전략을 구상한다. 이러한 준비를 하고난 후에 비로소 거래에 임한다.

  이 책은 나의 하루 일과들이 고스란히 담겨있는 책이다. 5시간의 거래를 위하여 10시간을 준비하는 일상처럼 여러분들의 올바른 거래를 위해서 그 10배, 20배의 고민과 노력을 하며 이 책을 써 내려갔다. 또한 수년간 리딩방송을 하면서 개인 트레이더에게 필요한 것은 수박 겉 핥기 식의 이론보다는 실전매매에서의 활용성과 더불어 수익이라는 것을 알기에 실전매매에 적용하기 용이하게 중점을 두고 집필하였다.

  우선 국제 외환시장을 포괄적으로 이해하고 국제 외환시장을 정확히 바라 볼 수 있는 안목을 키울 필요성이 있다. 그리고 당일에 발표될 지표들이 정확히 무엇을 시사하며 변동성이 어떻게 되는지 이 책을 통해서 다시 한 번 학습하고 미리 시나리오와 전략을 구상해 보길 바란다.

추세에 순응하는 매매가 원칙이며 아무리 큰 변동성의 급등이나 급락을 하여도 캔들의 반전패턴이 나오지 않는 이상 절대 추세의 반대로는 섣불리 진입해서는 안 된다.

진입과 청산, 손절은 각자의 원칙과 조건들을 세워 철저히 지켜야 한다. 거래를 진행하면서 진입과 청산 그리고 손절시의 필요한 조건들을 일목요연하게 이 책에 표현했으니 거래를 하는 여러분들에게 도움이 될 것이라고 믿는다.

완성봉의 여부는 마지막 1초까지 확인하고 판단해야 한다. 또 완성봉과 로그선을 신뢰할 때만이 자신감이 생길 수 있으며 이는 수익으로 직결된다는 점도 유념하자.

이제 주먹구구식의 매매로는 결코 이 시장에서 살아남을 수가 없다. 부디 이 책을 통해서 보다 기본에 충실하고 체계적인 트레이더로 거듭나길 바란다. 그래서 이 시장에 끝까지 살아남아 성공하는 투자자가 되었으면 한다.